一年中使える！ ご飯炊きから
ローストビーフまで

[土樂] 福森道歩

スゴイぞ！土鍋

講談社

ほんの少しコツを覚えると、
土鍋のおいしさにはまります

伊賀の窯元の4女として生まれ、ここで私は土鍋を作っています。
伊賀という地は約300万年前、琵琶湖の底でした。現在もなお琵琶湖というものは、ものすごい時間をかけて徐々に動いているのです。その湖底だったころに蓄積された粘土がとても優れていた。どう優れていたかというと、海と交わらなかったので塩分を含まず、当時は亜熱帯気候だったため風化が進んでこなれた粘土をもたらしました。この偶然にして必然的な現象が、伊賀に恵まれた土をもたらし、土鍋作りという産業を支えたのです。

土鍋は日本においては縄文時代から作られている最も古い調理道具です。日本の土壌で育つ山野草、ひいては野菜などの産物はアクが多く、それを除くためにゆでることが必要で、古来、台所道具のひとつとして土鍋は日々使われてきました。昨今、生活スタイルが変化し、土鍋は少し遠い存在になったように思えます。

世界でここにしかない上質の粘土に恵まれた、その地の窯元に生まれ、育ててもらった私の小さくもささやかな願いは、土鍋というものが、もっともっと身近な調理道具として、また最強の助っ人として愛用されてほしいという思いです。

土鍋を買っていただいた方から「おかゆの炊き方はどうしたらよいですか」「パンは焼けますか」などの質問や、「カビが生えた」「ひびが入った」などの苦情も頂戴します。土鍋を使ってくださる方の生の声を伺うたびに、勉強になります。と同時に、私自身も土鍋で料理をする「使い手」のひとりなので、こんなふうに使ってほしい、こうするとおいしくできるのに、と思うことも大いにあるのです。作り手であり、使い手でもあるからこそ伝えられること、伝えたいことがあり、それをお伝えすることが、「作り手」と「使い手」の距離を少しでも縮めることにつながるのではないか、と思いました。

土鍋は、スイッチを押せば「ハイ、できあがり」という調理マシーンではなく、使い手の心配りが少し必要な道具です。ほんの少しだけ、コツを覚えていただけたら、実におもしろい道具として食卓をおいしく楽しませてくれます。技術で手間をカバーし、簡単で失敗なしを最優先にする時代、それでもなお「土」に対し愛着を持った日本の心を、忘れてはならないその感動を、ぜひもう一度実感してほしいと僭越ながら思っています。

小難しそうに見えて実は簡単、手間がかかるように思えて手間いらず、この土鍋ならではのパラドックスを、楽しく使って実感していただけたら、食卓に欠かせない相棒として愛用していただけたらと心から願っています。

[土樂]　福森道歩

もくじ

02 ほんの少しコツを覚えると、
　　土鍋のおいしさにはまります
06 土鍋は使うほどに魅力が出てくる道具です
07 土鍋が不得意なこと
08 土鍋料理のツボは火加減にあります
09 この本で使った土鍋について
94 土鍋で作る基本の鶏がらスープ＆
　　ストックして重宝するミートソース
95 土鍋の使い始めと扱い方

炒める

10 豚肉と青梗菜の香り炒め
13 ゴーヤチャンプルー
14 かきときのこの炒め物
16 きのこのアーリオ・オーリオ・ペペロンチーノ
18 アラビアータ

焼く

20 ステーキ
23 鮭の焼きカツ風
24 手羽中のねぎ焼き
26 ローストビーフ
28 カリカリチキン
30 土鍋焼きピビンパ
32 ねぎの焼餅風

オーブンで焼く

34 ローストポーク
36 土鍋丸ごとオニオングラタンスープ
38 ラザニア
40 マカロニグラタン

蒸す

42 蒸し野菜
44 豚ばら肉とかぶとトマトの蒸し物
46 ムール貝のワインクリーム蒸し
48 ブロッコリーとカリフラワーの花椒蒸し
49 白菜と豚ばら肉の蒸し物
50 ラタトゥイユ
52 プリン、キャラメルりんご

米を炊く

- 54 ご飯の炊き方
- 56 貝柱ご飯
- 57 青豆ご飯
- 58 しょうがご飯
- 60 リゾット
- 62 パエリア

鍋物

- 64 すき焼き
- 67 鶏だんごと水菜の鍋
- 68 もつ鍋
- 70 鶏すき鍋
- 72 おでん

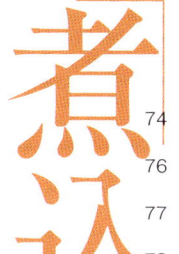

煮込む

- 74 スペアリブと大根の豆板醤煮込み
- 76 玉ねぎの丸炊き
- 77 青梗菜と卵のスープ
- 78 麻婆豆腐
- 80 おから
- 81 牛すじ肉と大根の煮物
- 82 角煮
- 84 チリコンカン
- 85 ポトフ
- 86 ロールキャベツ
- 88 煮込みハンバーグ
- 90 しょうがシロップ
- 92 いちご&レモンジャム
- 93 洋梨のコンポート

この本の表記について

- 小さじ1は5㎖、大さじ1は15㎖、カップ1は200㎖、1合は180㎖です。
- 電子レンジの加熱時間は600Wを基準にしています。500Wの場合は1.2倍を目安に時間を加減してください。
- 調理に使用した土鍋は9ページを参照してください。土鍋の大きさ、材質の違いにより、扱い方が異なり、「炒める」の一部や「焼く」については、から焼きできない土鍋だと割れるおそれがあります。

土鍋は温まるまで時間がかかりますが、一度温まったら冷めにくいという性質をもっています。ゆっくり時間をかけて熱を行き渡らせてから、じわじわと加熱するので、肉や魚、野菜などの材料の持ち味を引き出し、柔らかくし、まろやかな味に仕上げます。

いわゆる鍋物は言うに及ばず、土鍋で炊いたご飯の味は格別ですし、ことこと煮込んだ煮物は中まで柔らかく、味がしみて心底おいしい。

素材の水分を生かした蒸し物も、土鍋ならではのやさしい味と素材の力強さを同時に感じさせます。

それだけではなく、にんにくやしょうがなどを炒めて香りを油に移す、なんてときにじわじわと温かくなる土鍋は、一気に熱くなって素材を焦がすことが避けられるよさを実感します。

加えて耐火性、耐熱性の高い性質の土鍋であれば、表面は香ばしく、中はジューシーなおいしいステーキを焼き上げることもできます。

調理道具としてだけでなく、器としてそのまま食卓へ出すことができるのも土鍋のよさ。しかも火からおろしたあとも熱々を長く楽しむことができます。

土鍋は使うほどに魅力が出てくる道具です

土鍋が不得意なこと

● **土鍋は土でできているものなので、落としたり、ぶつけたりすれば割れます。**
ていねいに扱えば、それだけ土鍋は長持ちします。

● **急激な温度変化を受けると、ひびが入ったり、割れたりする原因になります。**
ちょっと専門的な話になりますが、土鍋の原料に含まれる硅石(けいせき)という物質は、600℃近くになると化学反応を起こして急に膨張し、それが原因となって土鍋にひびや割れが入ります。土鍋が調理道具の主流だった時代、長く使い続けていられたのは、原料の粘土の質も関係しており、炭など火力が一気に上がるものではなかったので割れにくかったのです。ですから、鍋底の炎の当たる部分と当たらない周りの部分の温度差をなるべく少なくするように、弱めの火加減で時間をかけて土鍋を温めることが大切。温度差をなくすことで硅石の膨張が起こっても、全体的に膨張しているので割れにくい状態になるからです。

土鍋は使い始めがいちばん割れる危険性が高いため、最初にこのことを踏まえて使うとずいぶん長持ちします。たとえて言うなら、買ってきたばかりの靴(＝土鍋)は、自分の足(＝火)になじまなくてなんだか履きにくい(＝煮えにくい)。でも履いているうちに自分の足にフィットしてくる(＝火に慣れてくる)、みたいに、土鍋も火に当たる回数が増えるほど強くなってきます。これは使っているうちに入る鍋底の無数のひびが、熱膨張を吸収するからです。ひびがないと土鍋にとってはとても窮屈で、いつも押し合いへし合いの満員電車状態。ひびが入ることで隙間ができ、少し余裕が生まれます。この隙間が加熱による膨張でピタッと埋まり、強度に変わるのです(土鍋の使い始めと扱い方は95ページ参照)。

鍋底がぬれたまま火にかけたり、熱くなった土鍋をぬれぶきんの上においたり、水につけたりして急に冷やすことも割れる原因になるので避けます。

● **天ぷら、フライなど揚げ物料理には向きません。**
揚げ油が土鍋にしみこむと劣化し、悪臭を放ち、また鍋底までしみこんだ油に引火して火事になるおそれがあるので、絶対に土鍋では揚げ物はしないようにしましょう。

土鍋料理のツボは火加減にあります

土鍋で料理するときの共通のポイントは、

1 最初に土鍋を弱めの中火（A）にかけ、徐々に温めます。

2 土鍋が温まってきたら材料を入れます。材料を入れると土鍋の温度がいったん下がるので、火を強めます（B）。

3 材料が温まってきたら火を弱めます（A）。次の材料を加える場合も同様で1～3を押さえながら火加減を変えていきます。

A 弱めの中火

鍋底に炎がつかないくらいの中火。土鍋に水やだし汁、スープなど汁けのものが入っている場合もこの火加減から調理を始める。

B 強火（火を強める）

鍋底の釉薬のついていない部分を炎がなめるくらい。材料を入れていったん下がった土鍋の温度を上げるときなど。

C 弱火

炎が消えないくらいの弱い火加減。熱くなった鍋の中の温度を下げるときに。例えばご飯を炊くとき、吹きこぼれたあとの火加減はこれ。

この本で使った土鍋について

掲載した49品のレシピは、伊賀でとれる耐火性、耐熱性の高い粘土を原料にし、手挽きろくろのみで成形し、素焼きのあと、あめ釉（ゆう）という鉄の釉薬（ゆうやく）をかけて本焼きした土鍋を使っています。一般の土鍋よりも耐火性、耐熱性に優れているため、鍋物、煮物、蒸し物、炊飯などはもちろん、炒めたり、火加減に充分気を配れば、肉を焼いたりすることもできます。主として使ったのは「口付黒鍋」と呼ぶ片口をつけた土鍋。たっぷりの煮込み料理やジャムを作ったり、パスタをゆでるときなど一部に「ポトフ鍋」と呼ぶ深底型の土鍋も使っています（土樂 http://www.doraku-gama.com/参照）。

口付黒鍋9寸
直径約29cm×高さ約15.5cm

ポトフ鍋7寸
直径約23.5cm×高さ約19cm

にんにくを炒めて香りを油にじわじわと移し、その油で炒め物をする、こんなときに土鍋はとても賢い道具となります。熱が一気に上がる金属製のフライパンだと、充分に香りが出きらないうちににんにくが焦げてしまうことがよくありますが、土鍋は熱のまわり方がゆっくり。遠赤外線効果も手伝って、焦げることなくまろやかな香り出しができます。ただし、火加減に気をつけて。土鍋に油を入れたら弱めの中火にかけ、徐々に温めていきます。強火にかけて一気に温度を上げ、から炊きすると土鍋は割れてしまいます。

豚肉と青梗菜の香り炒め

作り方——12ページ

うまみのある豚肉、シャキシャキした歯ざわりの青梗菜、風味のよい生しいたけを炒め合わせた、ご飯が進むおかずです。味を引き出すのは炒め油。にんにく、しょうがを長くつけ込んだような芳醇さは、じわじわと香り出しができる土鍋ならではの効果だと思います。

豚肉と青梗菜の香り炒め

弱めの中火でじっくりとにんにく、しょうがの香りを油に移します。
油がパチパチ小さい音をたてはじめたら、2〜3分よく炒めるのがポイント。
豚肉を入れると土鍋の温度が一時的に下がるので強火にします。
これは土鍋調理に共通するポイントです。

1 土鍋にごま油、にんにく、しょうがを入れて弱めの中火にかける。

2 木べらで炒めながら香りを油に移していく。パチパチ音がしてきたら2〜3分、にんにくが色づくまでよく炒める。

3 香りが充分に立ってきたら、にんにく、しょうがの上にかぶせるようにして豚肉を入れ、強火にし、塩少々をふる。そのままいじらずに豚肉を焼きつけ、肉から脂が出てきたら木べらでほぐして炒める。

材料（4人分）
- 豚ばら薄切り肉……200g
- 青梗菜（チンゲンツァイ）……2株
- 生しいたけ……150g
- にんにく……2かけ
- しょうが……1かけ
- ごま油……大さじ2
- 塩……適量
- しょうゆ、酒……各大さじ2

［下準備］
- 豚肉は約3cm幅に切る。
- しいたけは石づきを落として約5mm幅に切る。
- 青梗菜は茎と葉に分けて約3cm幅に切る。
- にんにくは縦半分に切って芯を除き、つぶす。しょうがは2cm角くらいに切ってつぶす。

4 肉の色が変わってきたら、しいたけを入れ、木べらで返すようにして全体を炒める。

5 しいたけに油がまわったら、しょうゆ大さじ1と酒を合わせて鍋肌からまわし入れ、混ぜる。

6 青梗菜の茎を入れ、塩少々をふって炒め合わせる。

7 茎に油がまわったら、ふたをして約30秒蒸すようにして茎に火を通す。

8 茎が少ししんなりしたら、葉も加え、炒め合わせる。

9 葉もしんなりしてきたら残りのしょうゆを鍋肌からまわし入れ、ざっと混ぜる。

ゴーヤチャンプルー

ゴーヤが出回る季節に、ガンガン食べたい炒め物です。
炒め方の基本は、「豚肉と青梗菜の香り炒め」と同じです。

材料(4人分)
ゴーヤ……2本
もめん豆腐……1丁
卵……2個
豚ばら薄切り肉……200g
にんにく……2かけ
削り節……1パック(5g)
サラダ油……大さじ2
酒……大さじ2
しょうゆ……大さじ1
塩……適量

1　ゴーヤは縦半分に切って種とわたをスプーンでかき取り、約5mm幅の半月切りにする(A)。豆腐は水きりする。卵は溶きほぐし、塩少々を入れて混ぜる。豚肉は約3cm幅に切る。にんにくは縦半分に切って芯を除き、つぶす。

2　土鍋にサラダ油、にんにくを入れて弱めの中火にかけ、炒める。充分香りが立ち、にんにくが色づいてきたら豚肉を入れて強火にし、塩少々をふって焼きつける。肉から脂が出てきたらほぐしながら炒め、鍋肌から酒をまわし入れ、アルコール分をとばす。

3　ゴーヤを2に加え、塩少々をふって炒め合わせる。豆腐もちぎりながら加え、しょうゆを鍋肌からまわし入れて炒める。ゴーヤに火が通ったら溶き卵をまわし入れて炒め、仕上げに削り節をかける。

A

A

B

C

D

かときのこの炒め物

野生のきのこがとれるころ、かきの季節が始まります。
旬が同じ素材は相性も抜群。
栽培もののきのこでもおいしくできます。
かきは最後に入れてふっくら炒めるのがコツ。
かきから水分が出るので炒め煮のような仕上がりに。

材料(4人分)
生がき(むき身)……300g
きのこ(しめじ、マッシュルーム、
　　　エリンギなど)……400g
にんにく……2かけ
パセリのみじん切り……適量
オリーブ油……大さじ2
白ワイン……大さじ2
塩……適量

1　かきはざるに入れて塩少々をふり、軽くゆすりながら水洗いし、ペーパータオルで水けをふき取る。きのこは石づきやかたい部分を落とし、食べやすい大きさに切るか裂く。にんにくは芯を除いてみじん切りにする。

2　土鍋ににんにく、オリーブ油を入れ(A)、弱めの中火にかける。パチパチ音がしてきたら2〜3分炒める。香りが充分に立ち、にんにくが色づいてきたら、きのこを加え(B)、塩少々を加え、強火にして炒める。

3　きのこに油がまわったらワインを加え(C)、アルコール分をとばしながら炒める。

4　かきを3に加え(D)、炒め合わせ、かきに火を通す。火からおろし、パセリをふる。

取り分けたら熱々のうちにレモンをギュッと絞って食べると絶品です。

きのこのアーリオ・オーリオ・ペペロンチーノ

土鍋でにんにくと赤唐辛子をゆっくり香り出ししたオリーブ油はすばらしい「ソース」です。
この「ソース」できのこを炒め、アルデンテにゆでたスパゲッティにからめます。
うちでは炒める土鍋の横で、深めの土鍋に湯を沸かし、「ソース」ができるころ、
スパゲッティもゆであがるよう、時間差をつけてゆではじめます。

A

B

C

D

材料（2人分）
きのこ（しめじ、まいたけ、
　エリンギなど）……300g
にんにく……2かけ
赤唐辛子……1本
アンチョビ……2枚
オリーブ油……大さじ2
スパゲッティ……160g
塩……適量

1　きのこは石づきやかたい部分を落とし、食べやすい大きさに切るか裂く。にんにくは芯を除いてみじん切りにし、赤唐辛子は半分にちぎって種を除く。アンチョビは粗みじん切りにする。

2　土鍋ににんにく、赤唐辛子、オリーブ油を入れ、弱めの中火にかける。

3　深鍋（ポトフ鍋／9ページ参照）にたっぷり湯を沸かし、塩（湯1ℓに対して小さじ2の割合）を入れ、スパゲッティをゆではじめる（A）。

4　2の油がパチパチしてきたら、にんにくの香りが充分立つまで2分ほど炒め、アンチョビを加えてさらに炒める（B）。アンチョビがほぐれてきたらきのこを加え、強火にして炒める。3のゆで汁を少し加え、塩味を補い、味を調える。

5　鍋肌にきのこを広げ（C）、きのこに火が通ったら、アルデンテにゆであがったスパゲッティを水けをきって加え（D）、よく混ぜて器に盛る。

スパゲッティを入れたら手早くきのこのオリーブ油ソースをからめてすぐ食べて！

アラビアータ

カッカと辛いトマトソースがアラビアータ。
にんにくと赤唐辛子をよく炒めて香りと辛みを出し、
こく出しのベーコンも炒め合わせ、缶詰のトマトを加えて煮つめます。
ゆでたてのペンネを入れて、からめたらそのまま土鍋ごとテーブルへどうぞ。

材料（3～4人分）
- ベーコン（ブロック）……50g
- にんにく……小3かけ
- 赤唐辛子……2本
- ホールトマト缶……1缶（400g）
- 白ワイン……100mℓ
- ペンネ……320g
- オリーブ油……大さじ2
- 塩……適量
- イタリアンパセリ、
  パルメザンチーズ……各適量

1　ベーコンは5mm角の棒状に切る。にんにくは縦半分に切って芯を除き、つぶす。赤唐辛子は半分にちぎって種を除く。イタリアンパセリは粗みじん切りにする。

2　土鍋ににんにく、赤唐辛子、オリーブ油を入れ、弱めの中火にかける。パチパチ音がしてきたら2～3分炒め、充分香りが立ち、にんにくが色づいてきたらベーコンを入れ、強火にして炒める（A）。

3　たっぷりの湯を沸かし、塩（湯1ℓに対して小さじ2の割合）を入れ、ペンネをゆではじめる。

4　2にトマトを缶汁ごと加え（B）、ワインを加えて5分ほど煮つめ（C）、3のゆで汁カップ⅓～½でのばす。

5　ゆであがったペンネは水けをきって4に加え（D）、トマトソースをからめるように混ぜ、塩少々で味を調える。イタリアンパセリとパルメザンチーズを散らしてそのまま食卓へ。

A

B

C

D

パスタを作るときは2つの土鍋をガス台に。片方で湯を沸かし、片方でソースを作ります。頃合いを見計らってパスタをゆではじめ、ゆであがると同時にソースができあがるのがベスト。

「焼く」

父が作った土鍋に"すっぽん鍋"の愛称をもつ「黒鍋」があります。伊賀の土の中でも特に耐火性の高い土を手挽きし、あめ釉という鉄の釉薬をかけて本焼きした耐熱性の高い土鍋で、ステーキも焼けます。それをもっとポピュラーにしたのが今回使った「口付黒鍋」で、この土鍋でもおいしく肉や魚を焼くことができます。どんな土鍋でも直焼きができるかというと否ですが、こんなにおいしく肉が焼けるのかと実感し、オリジナルのレシピも含め、紹介したいと思いました。大事なポイントは、ゆっくり時間をかけて土鍋に熱を行き渡らせ、それから材料を入れて焼きはじめること。土鍋は急激な温度変化が苦手。強火でから焼きすると、どんなに丈夫な土鍋でも、割れる原因になります。

ステーキ 作り方—22ページ

ステーキの味を決めるのは、肉の質と焼き方。土鍋で焼くと、セラミックの遠赤外線効果で、肉の中まで熱が入り込み、外側は香ばしく、中はふっくらジューシー。サーロインでなくても、土鍋で焼くと最高のご馳走になります。

ステーキ

最初は弱めの中火で徐々に土鍋を温め、ヘット(牛脂)を塗って肉を焼きます。炎が当たっている部分がいちばん熱く、肉を置くと温度が下がるので、位置を移動させながら、手早く焼くのがコツ。焼き汁からソースを作り、その残り汁に昆布だしを加え、菜っ葉を煮て、つけ合わせも同じ鍋で作ります。

材料(4〜6人分)
牛イチボ肉……100g×8枚
ヘット(牛脂)……適量
つまみ菜……200g
塩、こしょう……各適量
酒……大さじ3
バルサミコ酢……大さじ2
しょうゆ……大さじ1
昆布……10cm角1枚
練りがらし……適量

[下準備]
● 牛肉は常温にもどし、焼く直前に塩、こしょうを片面にふる。
● 容器に昆布と水カップ1を入れて20分ほどおいて昆布だしをとる。
● つまみ菜は洗って水けをきる。

1 土鍋を弱めの中火にかけて温めはじめる。鍋底に手をかざし、温かくなってきたかをチェックする。

2 温かくなってきたら火を強め、ヘットを鍋肌全体に塗る。

3 溶けた脂から煙が上がるくらいに熱くなったら、牛肉を、塩、こしょうした面が下になるように入れ、上面全体に塩、こしょうをふる。

4 ガスの炎が当たっている部分がいちばん熱い。焼きあがりが均一になるよう、熱い部分へ肉を移動させながら焼く。

5 肉の側面の下部が白っぽくなってきたら返して裏面も焼き、側面も鍋底につけて焼きつけ、6面とも焼き色をつけて取り出す。

6 火を弱め、土鍋の余分な脂をふき取り、酒を入れて焼きあとをこそげ、アルコール分をとばし、バルサミコ酢、しょうゆを入れて混ぜながら5分煮つめる。

7 6のソースを器にあけ、土鍋に昆布だしを注ぎ、鍋肌をこそげながら混ぜる。

8 煮立ったら塩少々とつまみ菜を入れてさっと煮る。器にステーキを盛り、ソースをかけてつまみ菜と練りがらしを添える。

鮭の焼きカツ風

薄く切った鮭に細かいパン粉をつけ、
バターでじわじわとこんがり香りよく焼きつけます。
ビールのつまみによし、ご飯のおかずによしの一品です。

材料(4人分)
生鮭(ブロック)……300g
塩、こしょう……各少々
衣
　薄力粉、溶き卵、パン粉
　　……各適量
バター……60g
パセリのみじん切り、玉ねぎ、
　レモン……各適量

1　鮭は約7mm幅に切り、塩、こしょうをふる。衣のパン粉はこし器を通して細かくする。玉ねぎは薄切りにして水にさらし、水けをきる。
2　鮭に薄力粉、溶き卵、パン粉の順に衣をつける。
3　土鍋を弱めの中火にかける。
4　土鍋が温かくなってきたら½量のバターを入れ、火を強めて溶かす(A)。2の半量を溶けたバターにつけながら並べ入れ(B)、移動させながら焼き、きつね色になったら返し、同様にして両面こんがりと焼く(C)。残りも同様に焼く。
5　器に盛り、パセリを散らし、1の玉ねぎとレモンを添える。

A

B

C

A

B

C

D

E

鶏肉と長ねぎ、相性抜群の組み合わせ。
手軽な手羽中を使います。
コツは手羽中から出る脂で
ねぎを焼きつけること。
鶏の脂で焼くことで、うまみがプラスされ、
ねぎはますますおいしくなります。

手羽中のねぎ焼き

材料（4人分）
手羽先……8本
長ねぎ……2本
塩、こしょう
　　……各少々
サラダ油……大さじ2
酒……大さじ3
みりん……大さじ2
しょうゆ……大さじ1
粗びき黒こしょう
　　……適量

1　手羽先は先端を切り落とし、手羽中を使う。骨と骨の間にハサミを入れて縦半分に切る（A）。ねぎは6cm長さに切る。

2　土鍋にサラダ油を入れ、弱めの中火にかける。温まってきたら手羽中を皮目を下にして並べ入れ、塩、こしょうをふり、火を強めて炒め、ふたをして焼く（B）。

3　パチパチ音がしてきたらふたをあけ、焼き色がついたら返し、両面に焼き色をつけて取り出す（C）。

4　3にねぎを入れ、火を弱め、手羽中から出た脂で焼き（D）、酒、みりんを順に鍋肌からまわし入れ、アルコール分をとばしながら焼く。ねぎの上に3の手羽中を並べ（E）、しょうゆをまわし入れ、全体を混ぜてふたをし、5分ほど蒸し焼きし、黒こしょうをふる。

材料(6〜7人分)
牛ももかたまり肉……700g
ヘット(牛脂)……適量
塩……小さじ1½
こしょう……適量
酒……大さじ2
しょうゆ……大さじ1
サラダセロリ、わさび……各適量

表面は香ばしく焼け、中はロゼの完璧な焼き具合。切るとわかる土鍋のチカラです。

ローストビーフ

ローストビーフも手軽に焼けると、友だちをたくさん呼びたくなります。
土鍋が温まるまでは弱めの中火。肉を入れたら強火にして表面を焼き、
全体に焼き色がついたら弱火でふたをしてじわじわと焼く。
この3段階の火加減を覚えてください。

1 牛肉は常温にもどし、塩とこしょうを全体にまぶしてすり込む(A)。
2 土鍋を弱めの中火にかけて温め、ヘットを鍋肌にこすりつけて溶かす。土鍋が充分熱くなったら**1**を入れ(B)、強火にし、牛肉の向きを変えながら焼く(C)。表面全体に焼き色がついたら弱火にし、ふたをして約5分、ときどき肉を返しながら焼く。肉を押し、弾力が出てきたら金串を中心に刺して2〜3秒おき(D)、金串の先が温かくなったら火を止め、ふたをして蒸らす。
3 肉を取り出し、余分な脂をふき取り、再び中火にかける。熱くなってきたら酒を入れ、鍋肌をこそげながらアルコール分をとばす。しょうゆを加え、煮立ったら火を止める。
4 **2**の肉を薄く切って器に盛り、**3**のソースをかけてサラダセロリとわさびを添える。

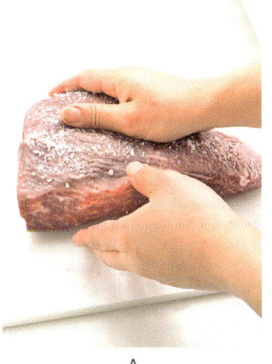

A

B

C

D

材料(4人分)
手羽先……8本
塩、こしょう……各少々
カレー粉……小さじ2
サラダ油……大さじ1½

カリカリチキン

手羽中にカレー粉をもみ込んでカリカリに焼きつけるだけ。これはビールに合います。
コツは油が熱くなったら1本ずつ、油だまりへ入れて焼きつけていくこと。
中心から外へと位置を変えながら均一に焼き色をつけるうちに、表面がカリカリに。
かじると中はジューシー、まるでコンフィのような焼き上がりになります。

A

B

C

D

1 手羽先は先端を切り落とし(A)、手羽中を使う。

2 1に塩、こしょう、カレー粉をふりかけ(B)、もみ込む。

3 土鍋にサラダ油を入れ、弱めの中火にかけて温める。パチパチ音がしてきたら2を1本ずつ油だまりに入れて焼きつけ(C)、並べ入れる。皮から脂が出てきたものから外側へ移動させ、焼き色を見て位置を変え(D)、あまり動かさないようにして表面が均一にカリカリになるまで焼く。

A

B

C

D

おこげごと器に盛り、ごま油の香り豊かな韓国のりをちぎって散らせば、気分はもう韓国です。

土鍋焼きピビンパ

ごま油で焼いた香ばしいおこげが石焼きピビンパの醍醐味。
これを土鍋で。簡単にできるナムル風の野菜をご飯の上にたっぷりのせます。

材料(4人分)
にんじん……½本
大根……¼本(150g)
ほうれんそう……½束
もやし……1袋
牛肉(たたき用)……100g
卵黄……1個分
いり白ごま……小さじ1
ゆずの絞り汁……少々
コチュジャン……小さじ1～2
塩、酢、ごま油、しょうゆ
　……各適量
砂糖……小さじ½
ラー油……小さじ1
酒……小さじ1
温かいご飯……約茶碗4杯

1 にんじん、大根は3～4cm長さの細切りにし、混ぜ合わせて塩少々をふる。しんなりしたら水けを絞ってボウルに入れ、酢大さじ1、砂糖、ゆずの絞り汁を加えて和える。
2 ほうれんそう、もやしはそれぞれ塩少々を入れた熱湯でゆで、冷水にとって水けを絞る。ほうれんそうは約3cm長さに切り、ボウルに入れ、ごま油、しょうゆ、酢各小さじ1、いりごまを加えて和える。もやしはボウルに入れ、しょうゆ、ごま油各小さじ1、ラー油を加えて和える。
3 牛肉は細切りにしてボウルに入れ、酒、しょうゆ小さじ1を加えて和える。
4 土鍋を弱めの中火にかける。充分に温まったらごま油小さじ1を鍋肌に塗り広げる(A)。鍋の縁まで温かくなったらご飯を入れて広げる(B)。パチパチ音がしてきたらふたをして1分ほど焼きつける。
5 4のご飯の上に1、2の野菜、3の牛肉をのせて(C)火からおろし、食卓へ。牛肉の上に卵黄をのせ、コチュジャンを加え混ぜながら鍋肌に広げて押しつけ(D)、ご飯を焼きつける。

ねぎの焼餅風(シャオピン)

ぬるま湯で粉をこねただけの生地に、
ねぎを散らして渦巻き状に巻いて焼きます。
パリッと焼きあがり、厚めのパイ皮のよう。
簡単にしてこの焼きあがり、土鍋はスゴイぞと思います。
熱々をほうばってください！

材料(直径約15cm 2枚分)
生地
　強力粉……200g
　塩……小さじ1弱
　ぬるま湯……100ml
長ねぎ……1本
いり金ごま……適量
ごま油……適量
塩……適量

1 生地を作る。ボウルに強力粉、塩を入れ、人肌に温めた湯を2～3回に分けて加え、混ぜ合わせて弾力のある生地にまとめ、ラップをして30分ほど常温でねかせる。

2 1の½量を打ち粉(分量外)をした台に取り出す。めん棒で直径約25cmの円形にのばし、ごま油小さじ2を塗り広げる。長ねぎをみじん切りにして½量を散らし、塩、いりごま各少々も散らす。もう1枚も同様に作る。

3 2を手前からくるくると細く巻く(A)。細い円筒形にしたものを渦巻き状に巻き(B)、巻き終わりをつまんでとじ、めん棒で直径15cmにのばす(C)。

4 土鍋にごま油大さじ2を入れ、弱めの中火にかけて温める。油が熱くなってきたら3を1枚入れ、軽く指で押して(D)平らにし、途中4～5回返し、5～6分両面こんがりするまで焼く。フライ返しで鍋肌に押しつけながら両面焼く。もう1枚も同様に焼く。

A

B

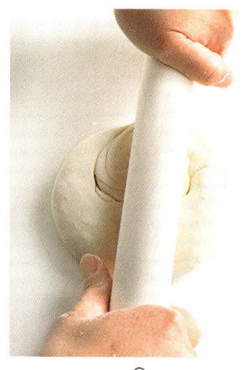

C

D

「オーブンで焼く」

耐火性、耐熱性の高い土鍋は、オーブンウェアとして最適な道具でもあります。かたまり肉に中まで火を通したい、表面に焼き色をつけたい料理などはオーブン焼きに。土鍋で下調理し、そのままオーブンへ放り込みます。

ローストポーク

塩をすり込んだ豚かたまり肉をロースト。
肉は必ず常温にもどしてから焼きます。
中まで火を通したい豚肉をジューシーに焼くには
オーブンが便利です。
まず土鍋で表面を香ばしく焼いてからふたをして
オーブンで蒸し焼きにします。

材料(4人分)
豚ロースかたまり肉……750g
ローズマリー……2枝
塩……小さじ1½
こしょう……適量
じゃが芋(メイクイーン)
　……4〜5個
オリーブ油……大さじ2

[下準備]
● 豚肉に塩をすり込み、こしょうをまぶし、ローズマリーを貼りつけてポリ袋に入れ、30分以上常温において味をなじませる。  
● じゃが芋は洗い、皮ごと食べやすい大きさに切る。
● オーブンを250℃に予熱する。

1 土鍋を弱めの中火にかけて温め、オリーブ油を塗る。パチパチ音がしてきたら豚肉からローズマリーをはがして脂身側を下にして入れ、焼く。

2 ふたをして火を強め、1分ほど蒸し焼きにする。

3 脂身がこんがり色づいたら、豚肉の向きを変えながらすべての面を焼き、うまみを封じ込める。

4 豚肉のまわりにじゃが芋を置き、豚肉に1のローズマリーをのせる。

5 ふたをして250℃のオーブンに入れて20分ほど焼く。金串を豚肉の中心まで刺し、透明な肉汁が出るまで焼く。

粗熱がとれてから薄くスライスし、じゃが芋と盛り合わせます。ピリッとして少し甘みのあるソース(粒マスタード大さじ3、練りがらし大さじ1、はちみつ小さじ1を混ぜ合わせたもの)が合います。

材料（4〜5人分）
玉ねぎ……800g
バター……15g
サラダ油……大さじ2
鶏がらスープ・洋
　（94ページ参照）＊……カップ4
塩……小さじ1
ガーリックトースト＊……適量
グリュイエールチーズ……40g
＊加える前に温める。
＊フランスパン（パリジャン）を薄切りにしてにんにくをこすりつけ、オーブントースターでカリッと焼いたもの。

土鍋丸ごと
オニオングラタンスープ

ドカンと土鍋いっぱいに作って熱々を取り分けます。
作り方はとてもシンプル。
玉ねぎをあめ色になるまで炒めるのに時間がかかりますが、
土鍋だと仕上がりがまろやか。あとはスープを注ぎ、
ガーリックトーストとチーズをのせてオーブンで焼くだけ。

1 玉ねぎは、繊維に沿って薄切りにする。
2 土鍋にサラダ油を入れ、弱めの中火にかけて温め、玉ねぎ、バターを入れ（A）、炒める。玉ねぎがしんなりしてきたらふたをして少し蒸し炒めにし、ふたを取って底から返しながら炒める。火を弱め、ときどき返しながら焦がさないようにしてあめ色になるまで約2時間、炒める（B）。
3 火を強め、2に鶏がらスープを少し注いで鍋肌をこそげ、残りも注ぐ（C）。煮立ったら塩を加える。火を止め、ガーリックトーストを浮かべ、チーズをすりおろしながら入れる（D）。
4 3をふたをせずに250℃のオーブンに入れ、約10分、表面に焼き色がつくまで焼く。

A　　　　B　　　　C　　　　D

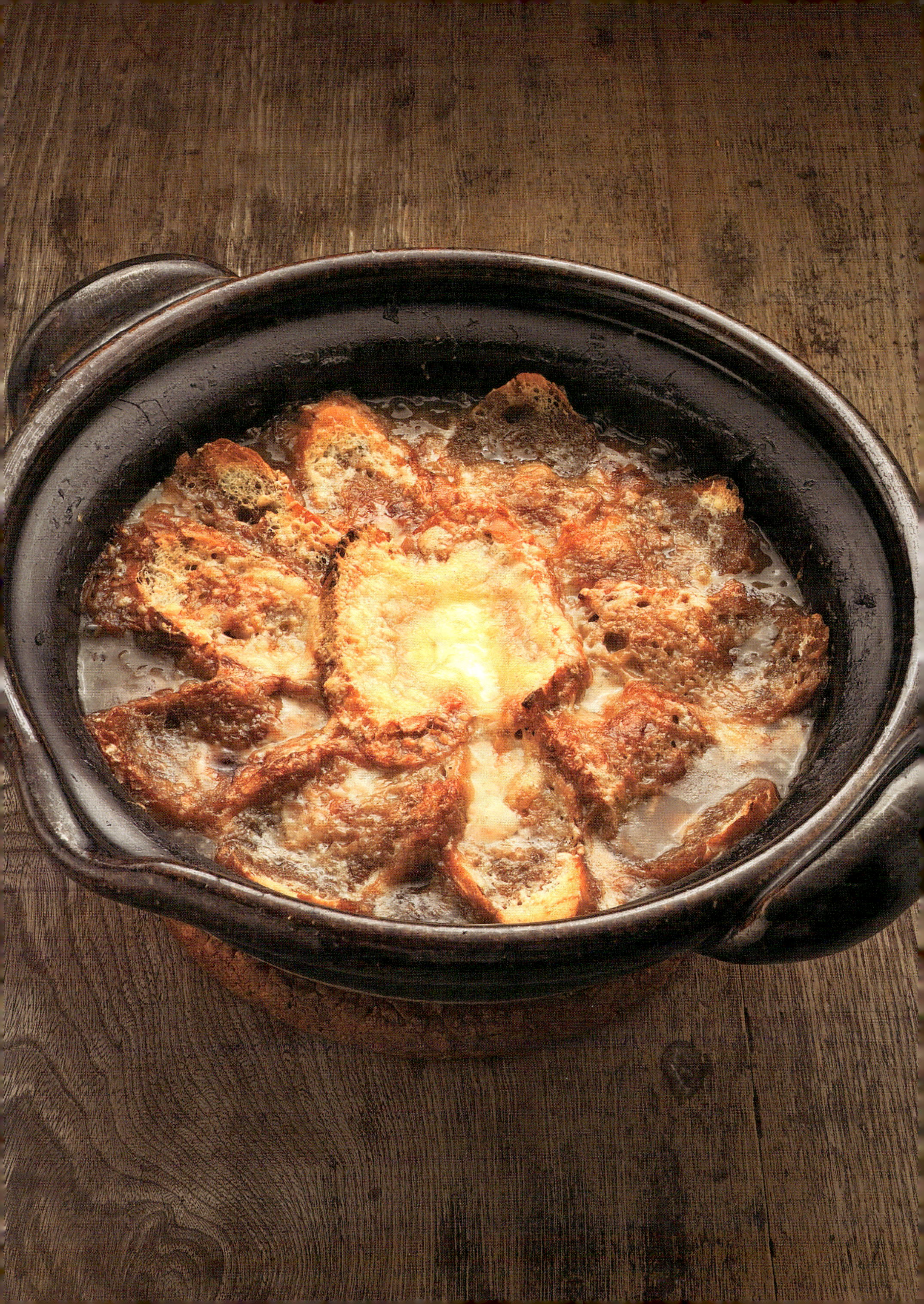

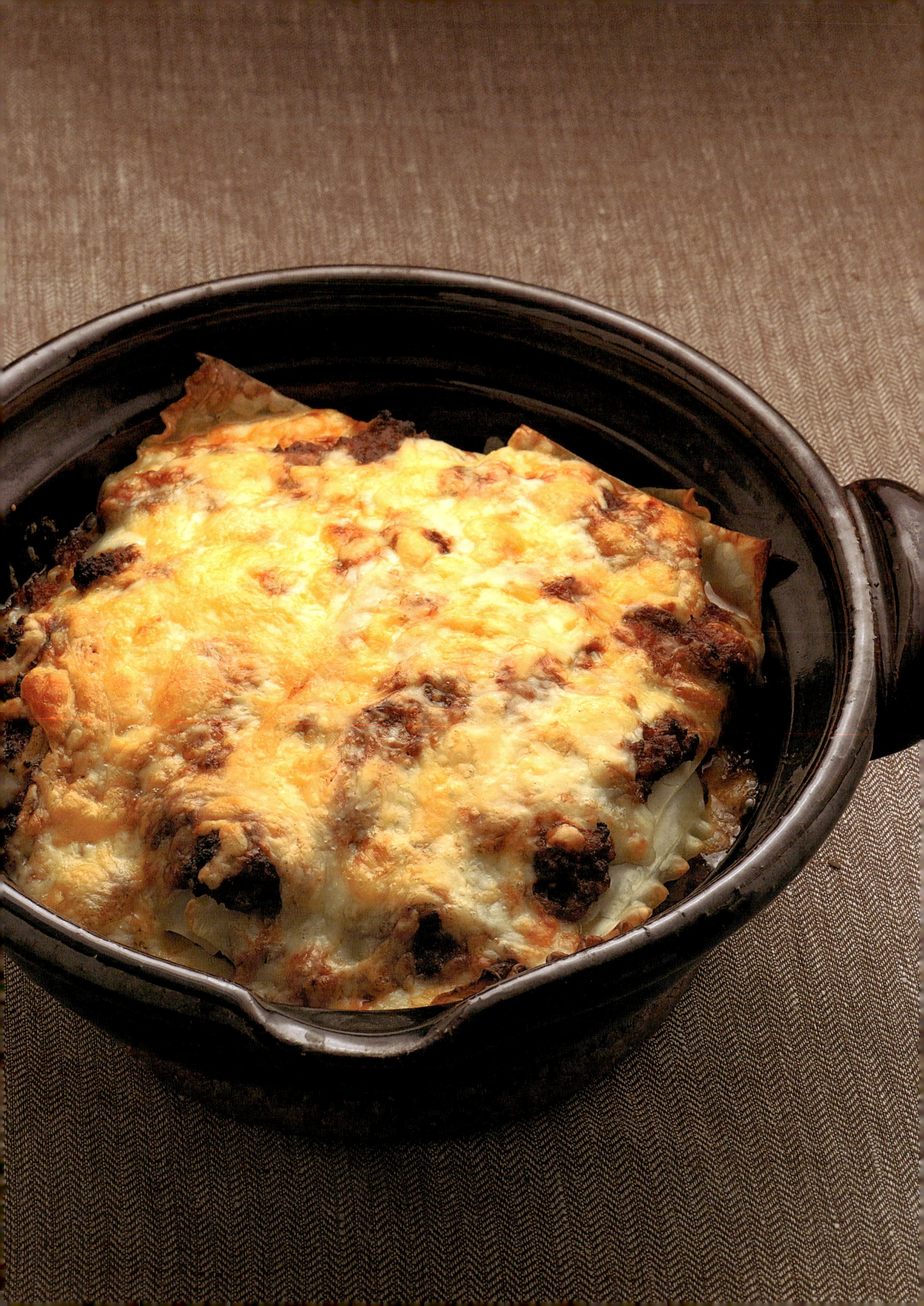

A　　　　　　　　　B　　　　　　　　　C　　　　　　　　　D

材料(4人分)
ラザニア……6枚
ミートソース(94ページ参照)*
　……カップ3
なす……4本
ピザ用チーズ……100g
バター……小さじ1
塩、オリーブ油……各適量
*加える前に温める。

1　土鍋にたっぷり湯を沸かし、塩(湯1ℓに対して小さじ2の割合)とオリーブ油少々を入れる。ラザニアを1枚ずつ時間をずらして入れる。重ならないよう位置をずらして入れ、表示時間通りゆでたものから、オリーブ油少々を入れた冷水にとり、くっつかないよう間隔をあけて乾いたふきんに並べ、水けをとる。

2　なすは3mm幅の輪切りにする。

3　土鍋の鍋肌全体にバターを塗り、ミートソースの¼量を広げ、なすの⅓量を並べる(A)。上に半分に切った**1**のラザニアを4枚のせる(B)。ミートソース、なす、ラザニア、と順に3段重ね、いちばん上にミートソースを広げてチーズを散らす(C)。

4　**3**を250℃のオーブンに入れ(D)15〜20分、表面においしそうな焼き色がつくまで焼く。

ラザニア

グラタン皿として土鍋を活用する第1弾です。
大きく焼いて取り分けるスタイルは、
手軽にご馳走料理ができる
オーブン焼きの魅力のひとつ。
このラザニアはミートソース、なす、ラザニアを
重ねて焼くオリジナルです。
ミートソースも土鍋で煮込んだもの。
前もって多めに作り、残ったら冷凍保存を。

ケーキを切り分けるように、サーバーで大きく切って取り分け、パセリのみじん切りを散らして熱々を食べます。

マカロニグラタン

グラタン皿として土鍋を活用する第2弾は
魚介をたっぷり入れたマカロニグラタンです。
マカロニをゆで、具を炒め、ホワイトソースを作り、
オーブンで焼いて仕上げる。
この4つの工程を全部土鍋が引き受けます。

材料(4人分)
マカロニ……100g
塩……適量
玉ねぎ……1個
きのこ(しめじ、
　マッシュルームなど)……200g
ホワイトソース
　薄力粉、バター……各大さじ2
　牛乳*……カップ2
　塩……小さじ1/3
　白こしょう……少々
あさり(殻つき)……100g
帆立て貝柱……100g
白ワイン……カップ1/2
ピザ用チーズ……50g
パン粉……カップ1/3
バター……適量

*加える前に人肌に温める。

1 土鍋にたっぷり湯を沸かし、塩(湯1ℓに対して小さじ2の割合)を入れてマカロニを表示時間通りにゆで、水けをきってオリーブ油少々(分量外)をまぶしておく。玉ねぎは繊維に沿って薄切りにする。きのこは石づきやかたい部分を落とし、食べやすく切るか裂く。あさりは殻をこすり合わせて洗う。帆立て貝柱は縦半分に切る。

2 土鍋を弱めの中火にかけて温め、バター小さじ2を溶かし、玉ねぎを入れる。火を強めて炒め、玉ねぎがしんなりしたらきのこを入れる。きのこが少ししんなりしてきたらあさり、帆立て貝柱を入れてざっと混ぜる。白ワインを注ぎ(A)、アルコール分をとばし、ふたをして蒸し炒めにする。あさりの殻が開き、全体に火が通ったらボウルにあける。

3 ホワイトソースを作る。2の土鍋をふき、弱めの中火にかけてバターを溶かす。火を弱め、薄力粉をふり入れて木べらで炒め、なめらかになってきたら牛乳を一気に入れ(B)、なめらかになるまで混ぜ、ふつふつしてきたらさらに火を弱めて少し煮つめ(C)、塩、こしょうで調味する。

4 3に2を汁ごと加えて混ぜ、1のマカロニも加えて混ぜる(D)。チーズをのせ、パン粉を散らし、バター少々を小さくちぎってところどころに置き、250℃のオーブンで約10分、おいしそうな焼き色がつくまで焼く。

A　B　C　D

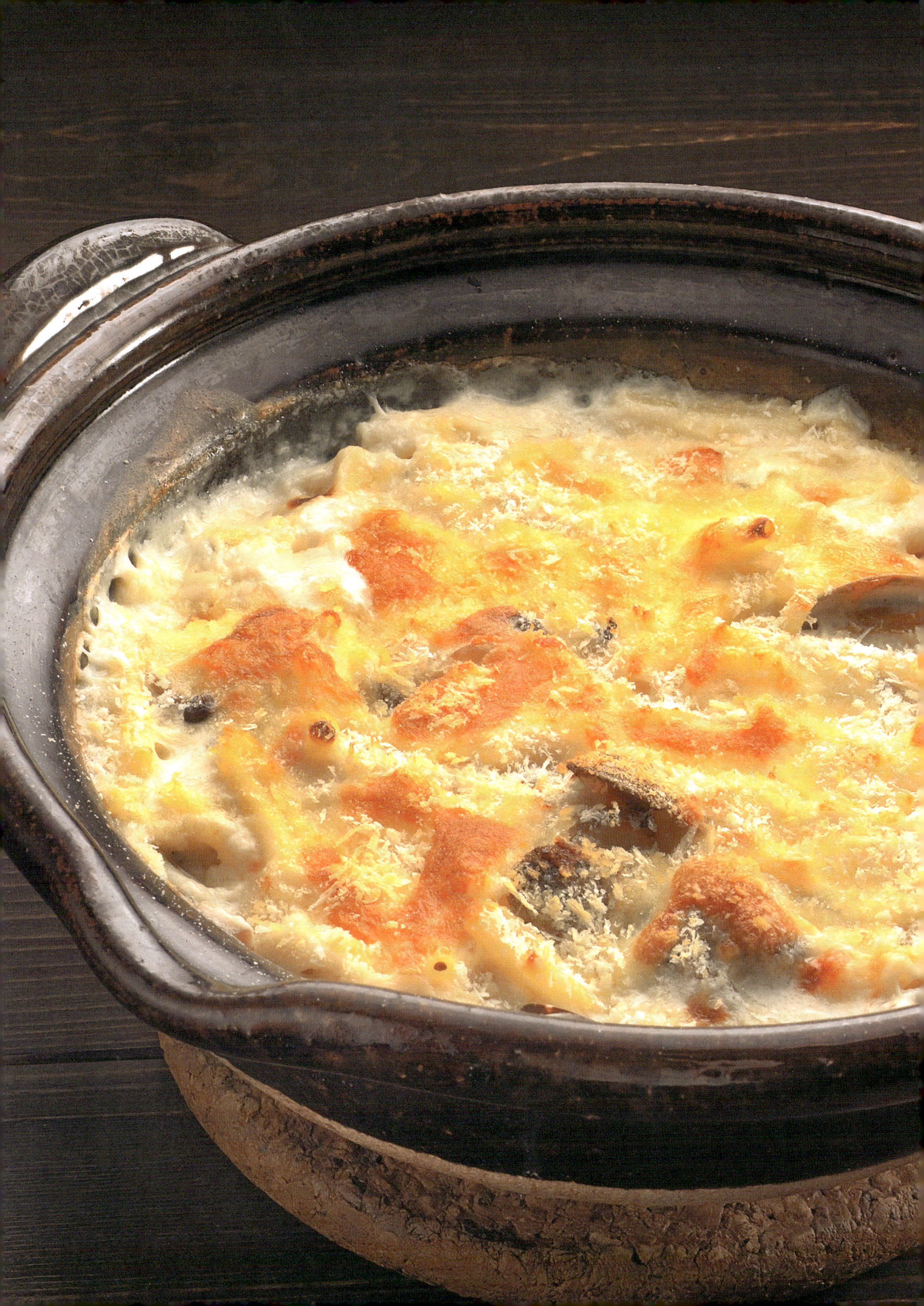

蒸す

加水して蒸す、素材の水分で蒸す、いずれにしても蒸し物のよさは、素材の持つおいしさをストレートに楽しめること。この調理法にうってつけなのが土鍋です。土鍋の中で蒸気が対流するので、熱の当たりが柔らかで、ふっくらおいしく蒸しあがります。

蒸し野菜

土鍋に2〜3cm深さの空間ができるくらいの丸網を置き、下に水を入れると簡易蒸し器に。
野菜が蒸しあがったら取り出し、水を足してまた野菜を入れて蒸す。
これが手軽にできるのも、蓄熱性が高く短時間で蒸すことができる土鍋のよさです。

材料（4人分）
かぼちゃ……¼個
葉つき小かぶ……1束
カリフラワー……¼個
ブロッコリー……¼個
グリーンアスパラガス……1束
さやいんげん……100g

[下準備]
- かぼちゃは種とわたを除き、5mm幅のくし形切りにする。
- かぶは洗い、茎のつけ根を掃除する。
- カリフラワー、ブロッコリーは小房に分ける。
- グリーンアスパラガスは下部のかたい部分の皮をむき、長さを半分に切る。
- さやいんげんはへたを切り落とす。

1 土鍋に丸網を置き、網の下ぎりぎりまで水を入れる。

2 網の上に適量の野菜を並べる。

3 2を弱めの中火にかけ、土鍋が温まってきたらふたをして火を強め、かぼちゃが柔らかくなるまで10分ほど蒸す。蒸しあがったら取り出し、同様にして残りの野菜を蒸す。

蒸し野菜においしい5つのソース

a 明太マヨ
からし明太子20g、マヨネーズ大さじ2、牛乳大さじ1、一味唐辛子、塩各少々を混ぜたもの。

b ごま酢
練り白ごま大さじ1、酢小さじ2、しょうゆ、砂糖各小さじ1を混ぜたもの。

c バルサミコベーコン
オリーブ油小さじ2を弱火にかけ、細切りにしたベーコン50gをカリカリに炒め、熱いうちにバルサミコ酢小さじ1、レモン汁大さじ1を混ぜたもの。

d バーニャカウダ風
オリーブ油大さじ2でにんにくのみじん切り小さじ2を炒め、香りが立ったらアンチョビ3〜4枚を入れてほぐしながら炒めたもの。

e 中華風ソース
しょうがのみじん切り、長ねぎのみじん切り各大さじ1、酢大さじ3、しょうゆ、ラー油各大さじ1、砂糖小さじ1を混ぜたもの。

豚ばら肉とかぶと トマトの蒸し物

最初に豚ばら肉としめじをざっと炒め、
その上にかぶ、トマトをのせて蒸し、うまみをプラスします。
ふたをする前に塩を少々ふるのがコツ。
野菜から水分を引き出す役割をするからです。

材料(4人分)
豚ばら薄切り肉……200g
葉つき小かぶ……6個
トマト……小6個(約400g)
しめじ……100g
しょうが……1かけ
酒……大さじ2
塩……少々
しょうゆ……小さじ2

1 豚肉は食べやすい長さに切る。しめじは石づきを落とし、小房に分ける。トマトはへたを取り、縦半分に切る。かぶは葉を洗い、茎のつけ根を掃除して皮をむき、縦半分に切り目を入れる。しょうがはせん切りにする。

2 土鍋を弱めの中火にかけて温め、豚肉を広げて入れて強火にする。肉から脂が出てきたら、しめじを加えてざっと炒め合わせ、鍋肌から酒をまわし入れ(A)、アルコール分をとばす。

3 2の中央にかぶを並べ入れ(B)、かぶのまわりにトマトを並べ、しょうがを散らす(C)。塩をふり入れ、中火にしてふたをし、約10分蒸す(D)。かぶが柔らかくなり、トマトが少し煮くずれたら、しょうゆをふり入れ、再びふたをしてひと蒸しする。

A

B

C

D

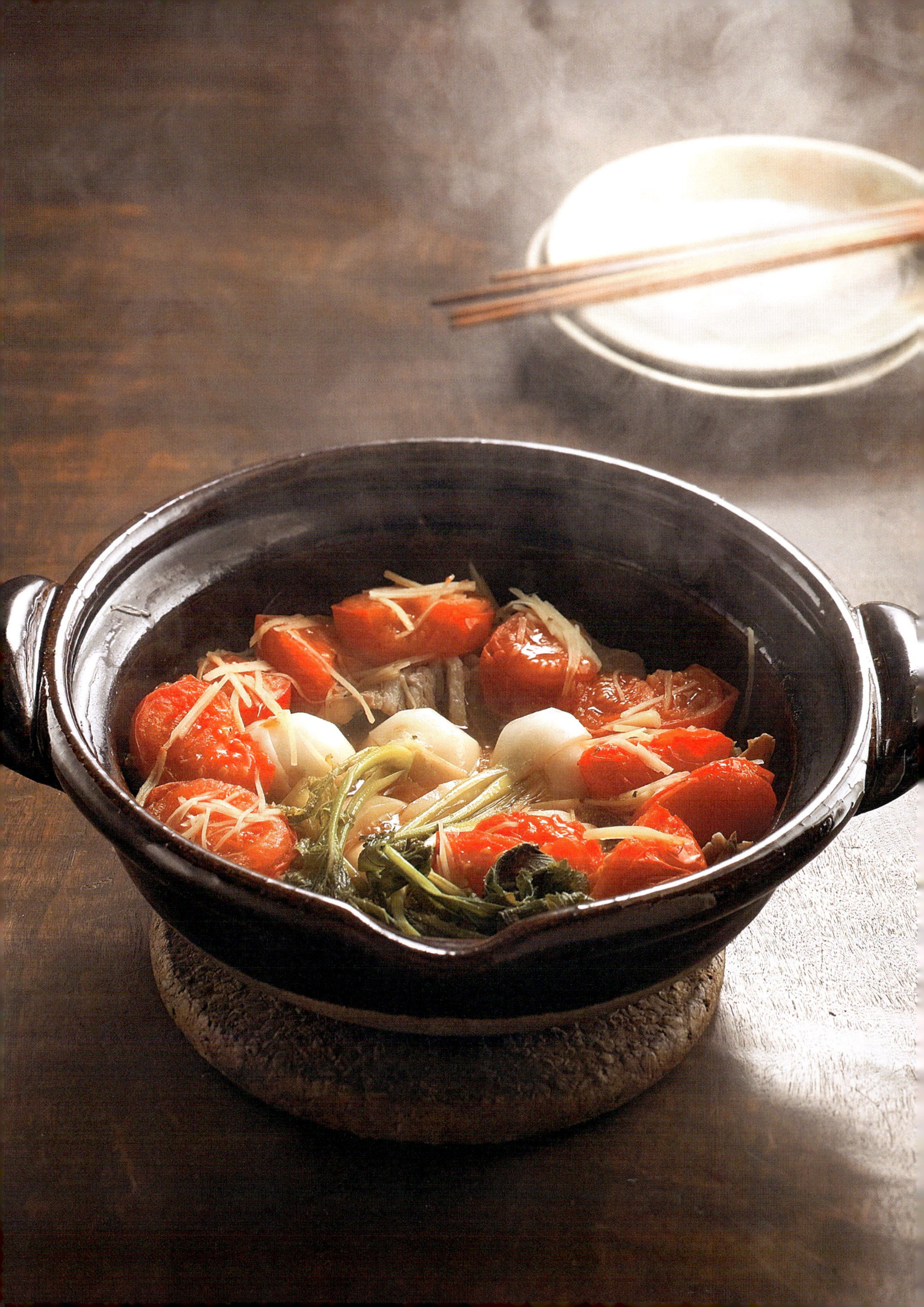

ムール貝の
ワインクリーム蒸し

パリの下町のビストロで出てくるような
大鍋いっぱいのムール貝のワインクリーム蒸し。
きわめてシンプルですが、大鍋ごとドカンと出てくる、
そのさまが食の豊かさを感じさせ、
土鍋でも作りたいなと思いました。あさりのワイン蒸しも美味。
仕上げに生クリームを入れず、あとは同様に作ります。

材料(4人分)
ムール貝(殻つき)……1kg
玉ねぎ……½個
にんにく……1かけ
オリーブ油……大さじ2
白ワイン……カップ½
生クリーム……30㎖

1 ムール貝は足糸をむしり取り、殻をこすり合わせて洗う。玉ねぎ、にんにくはみじん切りにする。

2 土鍋にオリーブ油とにんにくを入れ、弱めの中火にかける。パチパチ音がしてきたら2〜3分炒める。香りが立ってきたら玉ねぎを加え(A)、炒める。玉ねぎがしんなりしてきたらムール貝を入れ(B)、強火にしてざっと混ぜる。ワインをふり入れ、ふたをして蒸す。

3 3〜4分蒸してふたをあけ、貝の殻が開き、蒸し汁がふつふつしてきたら(C)、鍋肌から生クリームをまわし入れ(D)、ひと煮して火を止める。

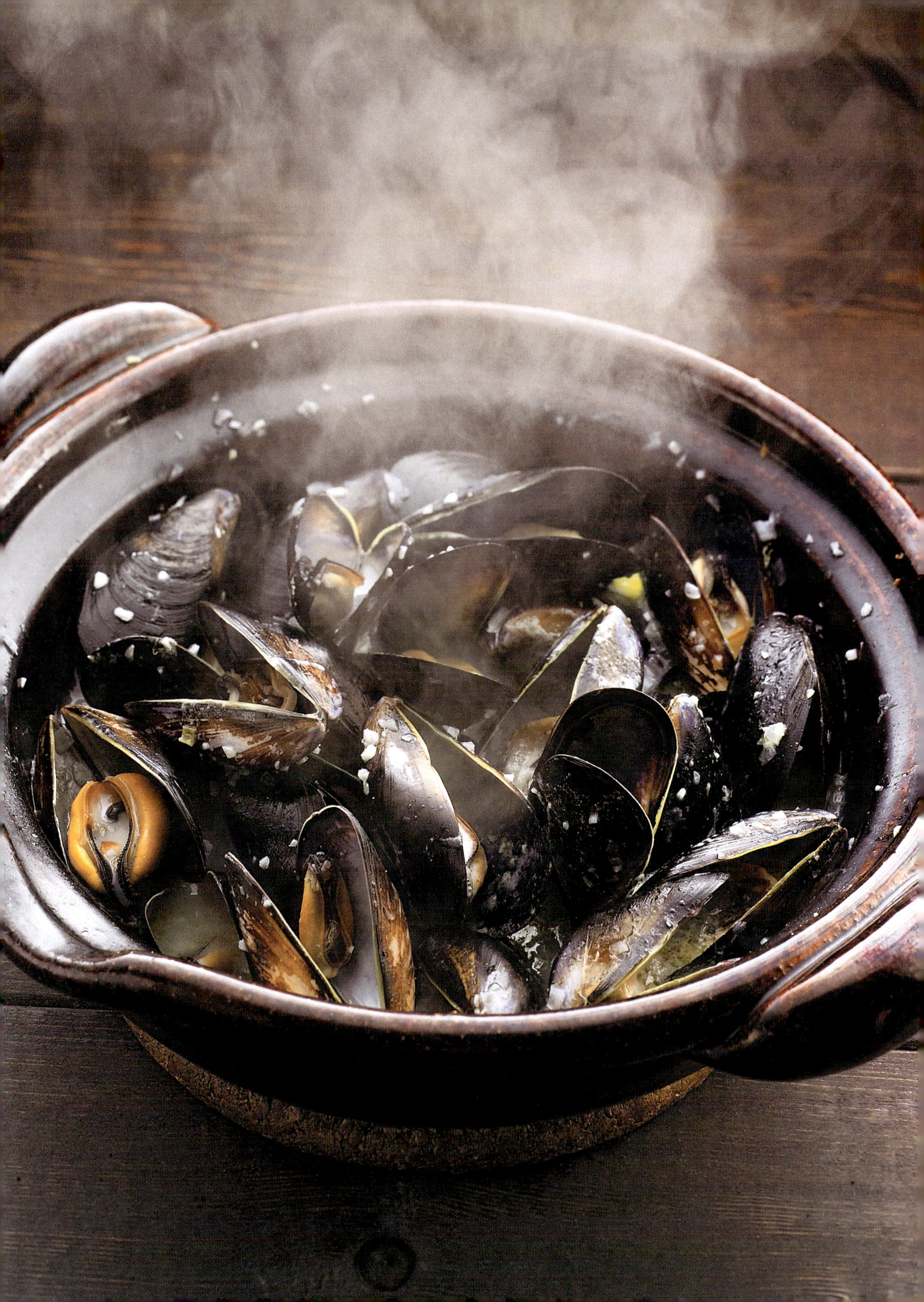

ブロッコリーと
カリフラワーの花椒蒸し

ごま油で花椒を香り出しした中にブロッコリーとカリフラワーを入れ、
ごま油をからませて蒸します。
歯ごたえが残るくらいの蒸し加減がおいしさの秘訣です。

材料(4人分)
ブロッコリー……小1個
カリフラワー……小1個
花椒(ホワジャオ)……大さじ1
ごま油……大さじ2
塩……小さじ1弱

1 ブロッコリー、カリフラワーは小房に分ける。
2 土鍋に花椒とごま油を入れ、弱めの中火にかける。パチパチ音がしてきたら木べらで花椒をつぶし(A)、2～3分炒める。香りが立ってきたらブロッコリーとカリフラワーを加え、強火にして塩をふり入れ(B)、混ぜ合わせ、全体が熱くなったら火を弱め、ふたをして蒸す。5分ほどしたらふたをあけ、土鍋をゆすって全体に油をからませ、再びふたをして1分ほど蒸す。

A B

白菜と豚ばら肉の蒸し物

鍋の深さと同じくらいの幅で輪切りにした白菜を立てて土鍋に入れ、
間に豚ばら肉を詰めて蒸すだけ。
白菜から水分が出やすいよう、呼び水的に焼酎をふり入れるのがポイント。

A　　　B　　　C

材料(4人分)
白菜……約¼個
豚ばら薄切り肉……300g
塩……小さじ1
焼酎……50mℓ
花椒(ホワジャオ)……小さじ1

1 白菜は土鍋の深さよりやや低めになるような幅の輪切りにする。豚肉は3cm幅くらいに切る。
2 土鍋に白菜を立てて入れ、間に豚肉を詰める(A)。塩をふり、焼酎をふり入れ(B)、花椒を散らす(C)。
3 2の土鍋にふたをし、中火にかける。白菜がしんなりし、豚肉に火が通るまで約15分ほど蒸す。

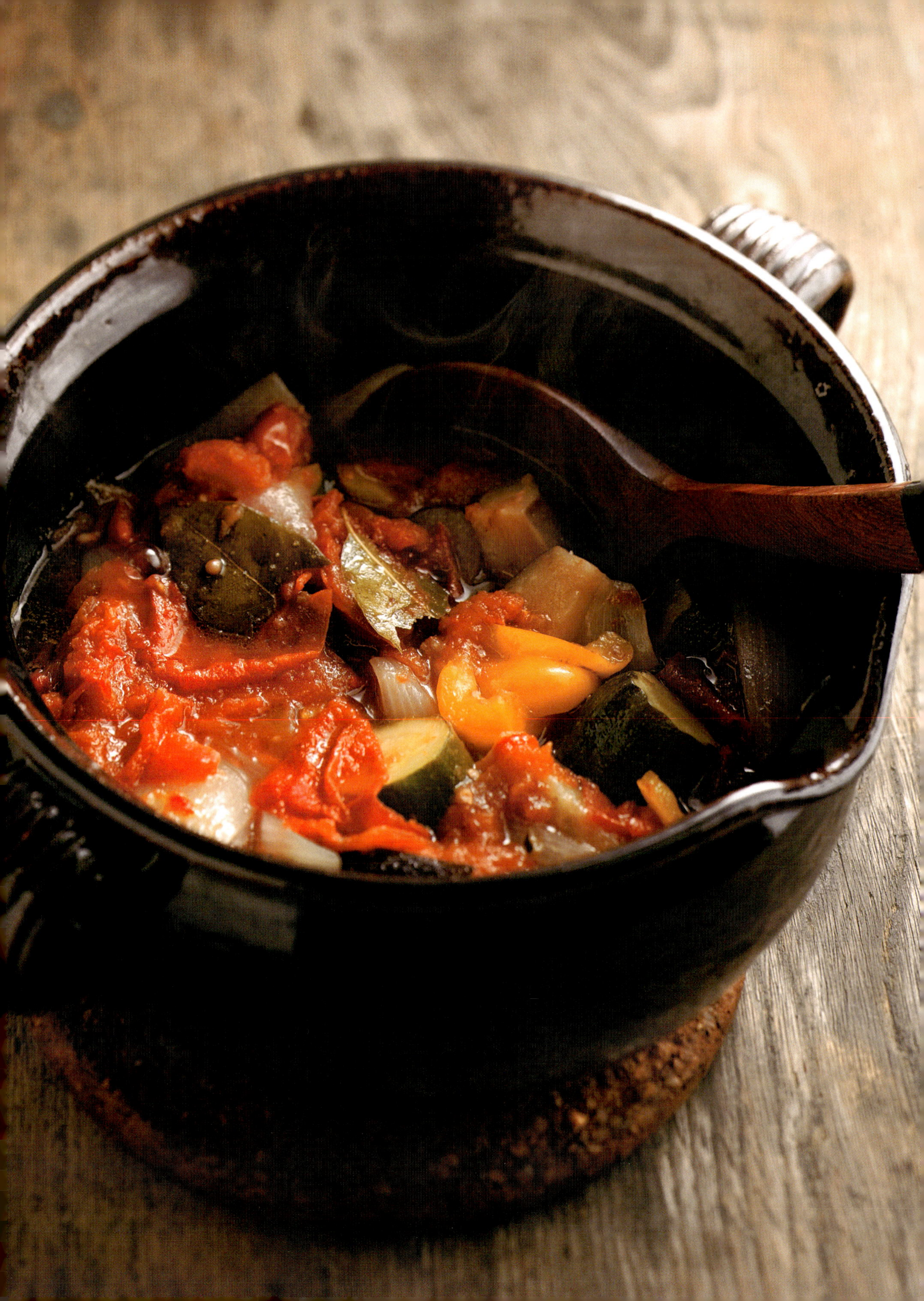

A　　　　　　　　　　　　B

C　　　　　　　　　　　　D

材料(4〜5人分)
トマト……3個
なす……3本
玉ねぎ……1個
ズッキーニ、エリンギ
　　……各2本
パプリカ(黄)……1個
にんにく……小3かけ
ローリエ……1枚
オリーブ油……大さじ3
塩……適量
白ワイン……カップ½

ラタトゥイユ

おなじみの野菜の蒸し煮ですが、土鍋で作るとやさしい味わいになるから不思議です。
たっぷり作れ、じっくりと蒸し煮にできる
深底型のポトフ鍋(9ページ参照)を使いました。
野菜を一度に全部入れると土鍋の温度が下がるため、
火の通りにくいものから1種類ずつ加えるのがコツです。

1 トマトはへたの部分をくりぬき、四つ切りにする。なすはへたを落とし、縦4つに切り、長さを3等分に切る。玉ねぎは2cm幅のくし形切りにする。ズッキーニは2〜3cm幅の輪切りにする。パプリカはひと口大の乱切りにする。エリンギはなすと同じくらいの大きさに裂く。にんにくは縦半分に切って芯を除き、薄切りにする。
2 土鍋にオリーブ油とにんにくを入れて弱めの中火にかける。パチパチ音がしてきたら2分ほど炒め、香りが立ってきたら玉ねぎを加え(A)、ざっと炒める。玉ねぎに油がまわったらエリンギを入れて火を強め、ズッキーニ、なすを順に入れ(B)、塩をふる。なすの皮から汗をかくように水滴が出てきたら、パプリカを加える。最後にトマトをつぶしながら加え(C)、ローリエを入れ、ワインをまわし入れる。
3 ふたをし(D)、火を少し弱めて約20分、蒸し煮にし、ふたを取ってさらに10分ほど汁けをとばしながら煮つめる。

プリン

なにも土鍋でプリンを作らなくても、
と思われるかもしれませんが、
実に簡単でおいしくできます。
プリン型で作る場合は蒸し時間を短くします。

材料（50mℓ×4個分）
卵……1個
牛乳……カップ1
グラニュー糖……大さじ1
キャラメルソース（53ページ参照）……適量

1　卵を冷蔵庫から出してすぐにボウルに割りほぐし、冷たい牛乳、グラニュー糖を加え、全体がよく混ざるまで静かに混ぜ、こし器を通し、そば猪口に均等に注ぎ分ける。
2　土鍋に丸網を置き、網の下ぎりぎりまで湯を入れ（43ページ参照）、ふたをして弱めの中火にかける。沸騰したら網の上に1を並べ、弱火にしてふたをし、10分蒸す。強火にして10秒蒸したら火を止め、ふたをしたまま5分、余熱で蒸す。固まっていないようならふたをしてさらに5分余熱で蒸す。キャラメルソースをかける。

キャラメルりんご

蒸し物ではありませんが、プリンにかけるキャラメルソースを多めに作ると、もう1品、簡単おやつができます。キャラメルソースを作ったら一部をプリンにかけ、残りの熱々ソースにりんごを入れてからめてもOKです。アイスクリームを添えてどうぞ。

材料(4人分)
キャラメルソース
　グラニュー糖……100g
　水……大さじ1
りんご……3個(約750g)
バニラアイスクリーム……適宜

1 りんごは皮をむき、放射状に8等分にして芯を除く。

2 土鍋にグラニュー糖と分量の水を入れ(A)、弱めの中火にかける。徐々に火を強め、そのまま触らず、ふつふつして焦げ茶色に色づいたら火を止め、さっと混ぜ(B)、キャラメルソースを作る。熱々のうちに**1**のりんごを入れ(C)、ざっと混ぜてからめ、器に盛る。好みでアイスクリームを添え、土鍋に残ったキャラメルソースをかける。

火の伝わり方が遅く、いったん熱くなったら蓄熱性が高い土鍋は、じわじわと米の中まで熱を伝えて、ふっくらつややかなご飯を炊きあげるのにもってこいの道具です。ご飯をおいしく炊くコツとシンプルながらおすすめの炊き込みご飯、洋風米料理をご紹介します。

米を炊く

ご飯の炊き方

土鍋の種類によって、かかる時間が多少違いますが、
火にかけてから20分ほどで炊きあがり、
ふたをしたまま蒸らせばふっくら、
一粒一粒が立っているようなご飯が炊けます。
水加減は新米なら米と同量、古米なら少し多めに、が基本です。

材料（4〜5人分）
米……3合（540㎖）
水……540㎖

a　b

[下準備]
- 炊く15分くらい前に米をとぎ、ざるにあげる。土鍋に入れ、分量の水を注いで15分ほど浸水させ（急ぐときは、米をといですぐに炊いてもOK）、火の通りを均一にするために真ん中を少し窪ませる(a)。
- 土鍋のふたに穴があるものは、ペーパータオルなどを詰めてふさぐ(b)。

1 準備のできた土鍋を弱めの中火に5分ほどかけ、温める。

2 土鍋が温まったら強火（土鍋底の釉薬がかかっていない部分全体をなめるくらいの火加減）にする。

3 沸騰したら、弱火にして約13分炊く。

4 火を止め、そのまま5分ほど蒸らす（おこげを作りたいときは強火で約10秒炊いてから火を止め、蒸らす）。

おいしく炊けたご飯のとも

これがあれば何杯でもお代わりしたくなる定番のご飯のとも3品。奥から長芋明太（長芋150gの皮をむいてみじん切りにし、皮を除いた明太子50gを混ぜたもの）、大根葉の塩もみにおろししょうがを添えたもの、母の特製ちりめん山椒「ふくさんご（下参照）」。

ふくさんご
伊賀の里山で摘んだ実山椒を、薄味でしっとりふっくら炊き上げたちりめん山椒で、購入可能（土樂のホームページ http://www.doraku-gama.com/ を参照）。

炊きたてのご飯に「ふくさんご」を混ぜてにぎったおむすび。これだけでご馳走になります。

A　　　　　B 　　　　　C

貝柱ご飯

何よりご飯を味わいたいから、うちの炊き込みご飯はシンプルさが特徴です。これもそのひとつ。干し貝柱を炊き込むだけ。
駅のキオスクやコンビニなどで売っているおつまみ用の干し貝柱1袋でOK、この手軽さがいいでしょう？

材料（4〜5人分）
米……3合（540mℓ）
干し貝柱……5〜6個
ぬるま湯……540mℓ
塩……小さじ¾
酒……小さじ1
しょうゆ……少々

1 米をとぎ、ざるにあげる（55ページの下準備参照）。
2 ボウルに干し貝柱を入れ、分量のぬるま湯を加えてもどし、塩、酒、しょうゆを加える。
3 土鍋に**1**の米を入れ、**2**のもどし汁を注ぐ（A）。もどした貝柱を上に散らし、真ん中を少し窪ませて（B）、ふたをし、弱めの中火にかける。5分ほど温め、強火にする。沸騰したら弱火にして約13分炊き、火を止める。5分ほど蒸らしてふたをとり（C）、しゃもじで底から返しながら貝柱をほぐし混ぜる。

青豆ご飯

グリンピースが出回る時季に必ず作りたくなるのが青豆ご飯です。
フレッシュな豆の香りを楽しむために、少々の塩味だけで炊きあげます。

材料（4〜5人分）
米……3合（540mℓ）
グリンピース……200g
水……540mℓ
昆布……10cm長さ
塩……小さじ1
酒……大さじ1

1　米をとぎ、ざるにあげる（55ページの下準備参照）。
2　土鍋に1の米を入れ、分量の水と昆布、塩、酒を加え、真ん中を少し窪ませてふたをし、弱めの中火にかける。5分ほど温め、強火にする。沸騰したらグリンピースを加え（A）、弱火にして約15分炊き、火を止める。5分ほど蒸してふたをとり（B）、しゃもじで底から返しながら混ぜる。

A 　　　　　B

A　　　　　　B　　　　　　C

しょうがご飯

しょうがだけを、こんなにたくさん入れて大丈夫？
というほどたくさん入れて炊き込みます。
炊きたてを口の中に入れると、まずはしょうがのいい香りが広がります。
しょうゆの香りと抜群の相性で、やみつきになるほど美味。
お代わりをするころには体がぽっかぽかになっています。

土鍋で炊いたしょうがご飯は、しょうがの辛みがツンとせず、マイルド。そしてとてもよい香り。

材料（4〜5人分）
米……3合（540㎖）
しょうが……100g
水……540㎖
塩……小さじ1
酒……大さじ1
しょうゆ……大さじ1

1 米をとぎ、ざるにあげる（55ページの下準備参照）。
2 しょうがは皮をむいてせん切りにする。
3 土鍋に1の米を入れ、分量の水と塩、酒、しょうゆを加える（A）。しょうがを散らし（B）、真ん中を少し窪ませてふたをし、弱めの中火にかける。5分ほど温め、強火にする。沸騰したら弱火にして約13分炊き、火を止める。5分ほど蒸らしてふたをとり、しゃもじで底から返しながら（C）混ぜる。

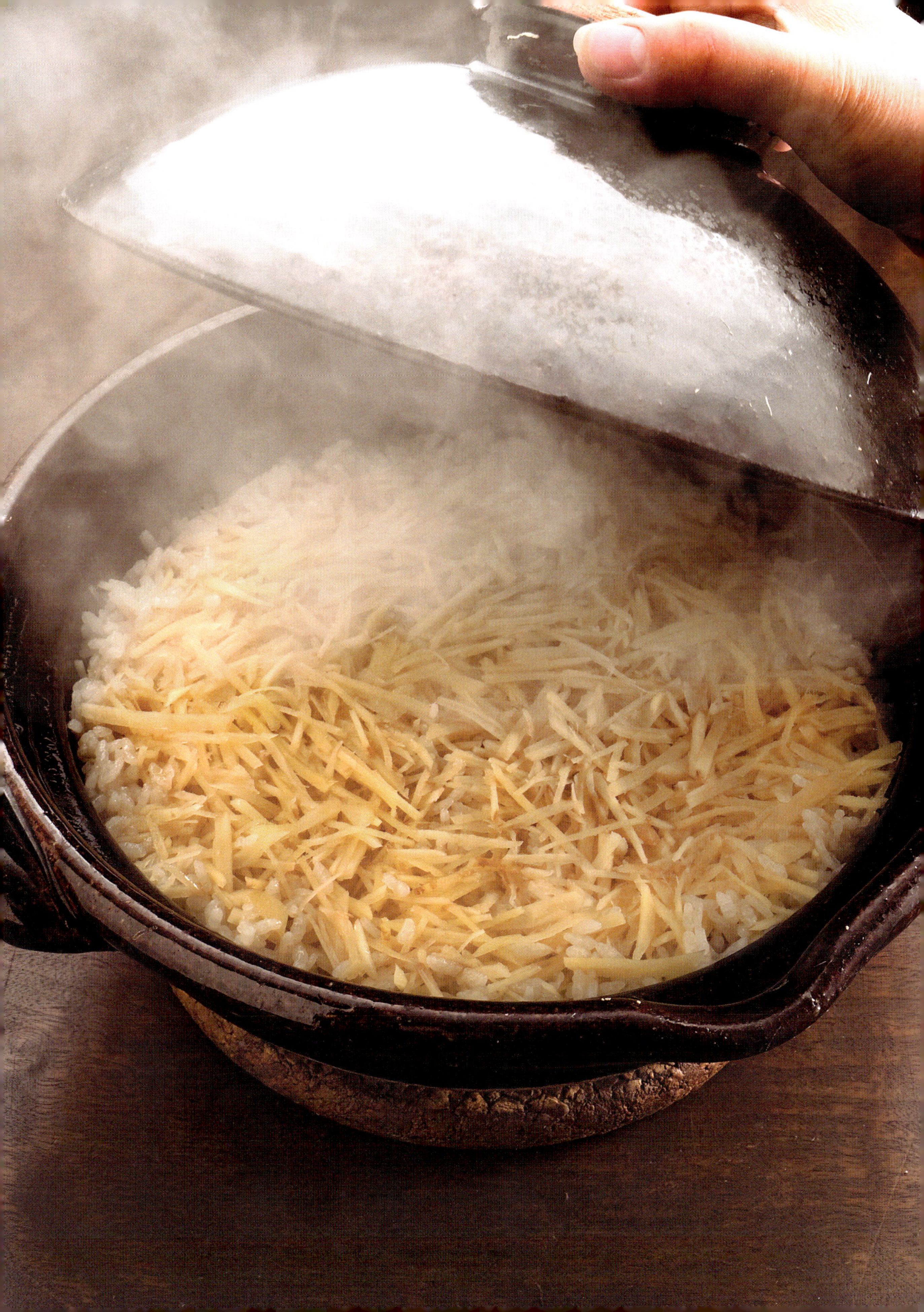

リゾット

少し時間はかかりますが、びっくりするほどおいしくできるのがリゾット。
バターでよく炒めた玉ねぎが隠し味です。
スープを3回に分けて加え、米粒にスープを煮含めていく感じ。
バターとチーズに塩けがあるので、味をみながら塩で調味します。

材料（4～5人分）
米……2合（360㎖）
玉ねぎ……½個
バター……大さじ4
パルメザンチーズ……30g
鶏がらスープ・洋＊
　（94ページ参照）……カップ4
白ワイン……カップ½
塩……適量
パセリのみじん切り……適宜
＊加える前に温める。

1 玉ねぎはみじん切りにする。
2 土鍋に玉ねぎとバターを入れ、弱めの中火にかけて温める（A）。バターが溶けたら玉ねぎが透き通るまでよく炒める。米を洗わずに加え（B）、火を強める。
3 米全体にバターがからまるまで炒め、鍋肌からワインをまわし入れ（C）、アルコール分をとばす。
4 3にスープカップ2を加えて煮る。ふつふつしてきたら弱火にして煮る（D）。ときどき木べらで混ぜ、米にスープを含ませながら煮つめ、スープカップ1を加えてさらに煮る（E）。再び煮つまってきたら残りのスープを加え、塩少々で調味する。汁けがなくなるまで煮、仕上げにチーズをすりおろして加え（F）、味をみて塩少々で調味する。
5 熱々を器に盛り、好みでパセリを散らす。

A

B

C

D

E

F

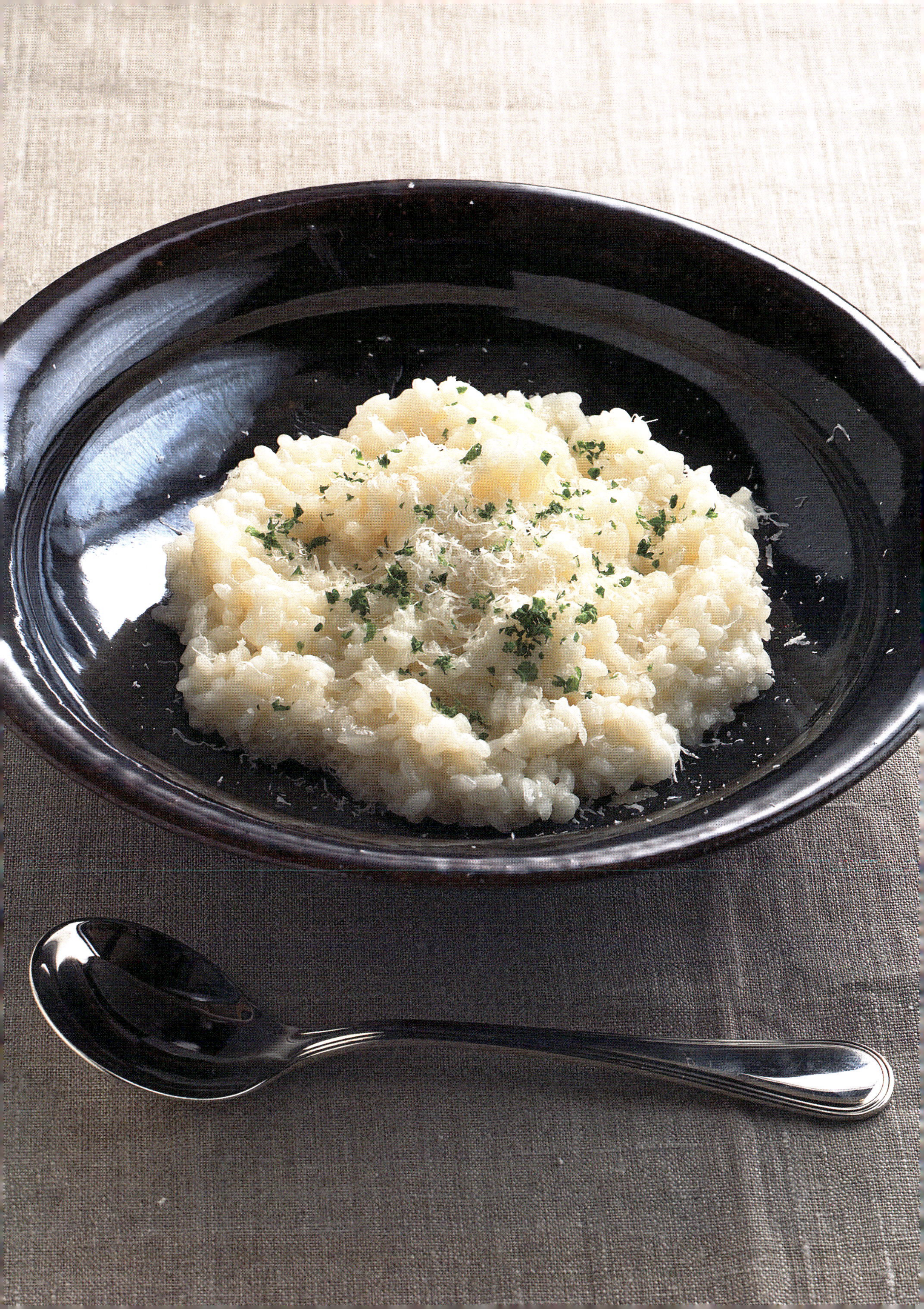

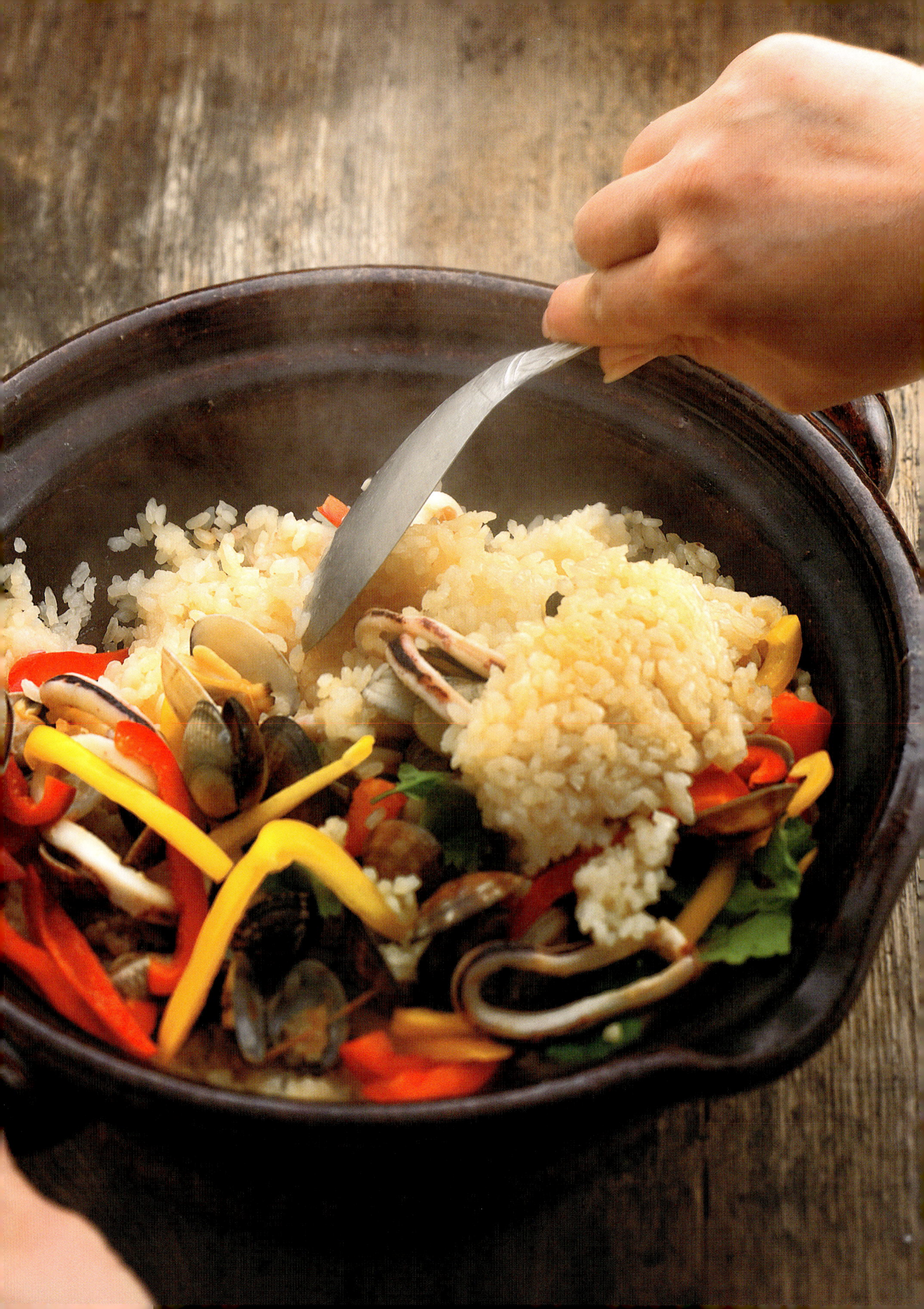

材料(4〜5人分)
米……3合(540㎖)
有頭えび……8尾
あさり(殻つき)……100g
いか……小1ぱい(100g)
パプリカ(赤・黄)……各½個
にんにく……2かけ
オリーブ油……大さじ2
白ワイン……50㎖
鶏がらスープ・洋＊
　(94ページ参照)
　……約カップ2½
塩……小さじ1弱
イタリアンパセリ……少々
＊加える前に温める。

A　B　C
D　E　F

パエリア

えびみそのうまみたっぷりのスープを吸って炊きあがった
ご飯のおいしさが魅力なので、ぜひ有頭えびで作ってください。
蒸らす直前に強火にすればスペインのパエリアのようにおこげが楽しめます。

1 えびは背わたを除く。あさりは殻をこすり合わせて洗う。いかは内臓ごと足を抜き、胴は2㎝幅の輪切りに、足は2〜3本ずつに分ける(新鮮ならわたをとっておく)。パプリカは種を除き、縦に細切りにする。にんにくは芯を除き、1かけはつぶし、残りはみじん切りにする。

2 土鍋につぶしたにんにくとオリーブ油大さじ1を入れ、弱めの中火にかけ、香りが立つまで炒める。えびを入れ、火を強めて焼きつけ(A)、いか(新鮮ならわたも)、あさりを入れてざっと炒め、ワインを鍋肌からまわし入れ(B)、アルコール分をとばしてふたをし、蒸し煮にする。あさりの殻が開いたらボウルで受けた金ざるにあけ、具と煮汁に分ける(C)。

3 土鍋に熱湯を入れてゆすいで汚れを落とし、水けをふく。みじん切りのにんにくとオリーブ油大さじ1を入れ、弱めの中火にかけ、香りが立つまで炒める。米を洗わずに加え(D)、透き通るまで5分ほどよく炒める。

4 2の煮汁にスープと塩を加えて3カップにして温め、3に加え(E)、ふたをして強火で炊く。沸騰したら弱火にし、約10分炊き、2の具を並べ(F)、パプリカを散らし、ふたをして5分ほど炊き、火を止め、パセリをちぎって散らす。

蒸らし終えたら土鍋ごと食卓へ。底から返して混ぜ、彩りよく器に盛り分けます。

鍋物

土鍋使いの真骨頂のひとつ、鍋物。寒い時季はもちろんのこと、カーッと温まって元気になりたいときには春でも夏でも秋でも鍋物はいいものです。土鍋ひとつで肉も野菜も食べられるから、時間がない！というときにもってこいの料理でもあります。福森家の鍋物は、具をいろいろ入れず、シンプルに味わうもの。肉と1種類の野菜をたっぷり、が基本です。

すき焼き　作り方—66ページ

牛ロース肉にたっぷりの青ねぎの取り合わせです。
肉のうまみが出た煮汁をたっぷり吸った
豆腐と糸こんにゃくがまたおいしい。
溶き卵につけていただきます。
最後のお楽しみはシメのうどん、これがまたおいしいのです。

すき焼き

土鍋を弱めの中火にかけて温めるところからスタートするのは、ほかの土鍋料理と同じです。最初に牛肉をヘットで焼きつけます。
味つけは塩と酒としょうゆだけ。
砂糖を使わないすき焼きをぜひお試しください。

材料（4人分）
牛ロース薄切り肉……500g
青ねぎ……1束
豆腐……1丁
糸こんにゃく……1袋
卵……適量
冷凍うどん……1～2玉
ヘット（牛脂）……適量
塩、酒、しょうゆ……各適量

［下準備］
● 牛肉は常温にもどし、食べやすい大きさに切る。
● 青ねぎは1cm幅の斜め切りにする。豆腐は8等分に切る。糸こんにゃくは食べやすい長さに切る。

1 土鍋を弱めの中火にかけ、温かくなってきたら火を強め、ヘットを全体に塗る。

2 溶けた脂から煙が上がるくらいまで熱くなったら、重ならないくらいの量の牛肉を入れ、焼きつける。塩少々をふり、焼き色がついたらすぐに返して両面をさっと焼く。

3 酒大さじ1を鍋肌からまわし入れ、アルコール分をとばす。肉を端に寄せ、あいたところへ豆腐、糸こんにゃくを入れ、しょうゆ小さじ2をまわし入れる。

4 青ねぎをかぶせるようにのせ、ふたをして煮る。ねぎがしんなりしたところで、溶き卵につけながら食べる。残りも同様にして食べる。

● シメ

肉や青ねぎが少なくなってきたら最後はうどんを入れてシメます。手軽でおいしいのが冷凍うどん。凍ったまま残りの具の中に埋め込み（A）、ふたをして弱火で蒸し煮にするだけ。菜ばしでうどんをほぐし、しょうゆ少々で調味（B）。青ねぎが残っていたらいっしょに入れ、全体を混ぜます。

A　　B

鶏だんごと水菜の鍋

鶏ひき肉に長ねぎとしょうがのみじん切り、豆腐を混ぜて
柔らかくまとめた鶏だんごと水菜だけの鍋。
煮汁に水菜を入れてさっと煮合わせ、熱々を楽しみます。

材料(4人分)
鶏だんご
　鶏ひき肉……400g
　長ねぎ……½本
　しょうが……1かけ
　もめん豆腐……100g
　塩……小さじ½
　しょうゆ……小さじ1
水菜……1束
だし汁……1ℓ
酒……大さじ3
しょうゆ……大さじ1
塩……小さじ1
しょうがの絞り汁、一味唐辛子
　……各適量

1 鶏だんごを作る。鶏ひき肉をボウルに入れ、長ねぎ、しょうがをみじん切りにし、豆腐とともに加え、塩、しょうゆを入れ(A)、よく混ぜ合わせる。
2 水菜は食べやすい長さに切る。
3 土鍋にだし汁を入れ、弱めの中火にかけて温める。温まってきたら徐々に火を強め、酒、しょうゆ、塩で調味し、強火にする。煮立ったら**1**をスプーン2本でひと口大のだんごにまとめて入れる(B)。鶏だんごに火が通ってきたら**2**を入れてさっと煮、しょうがの絞り汁をまわし入れ、取り分けて一味唐辛子をふる。

A　　B

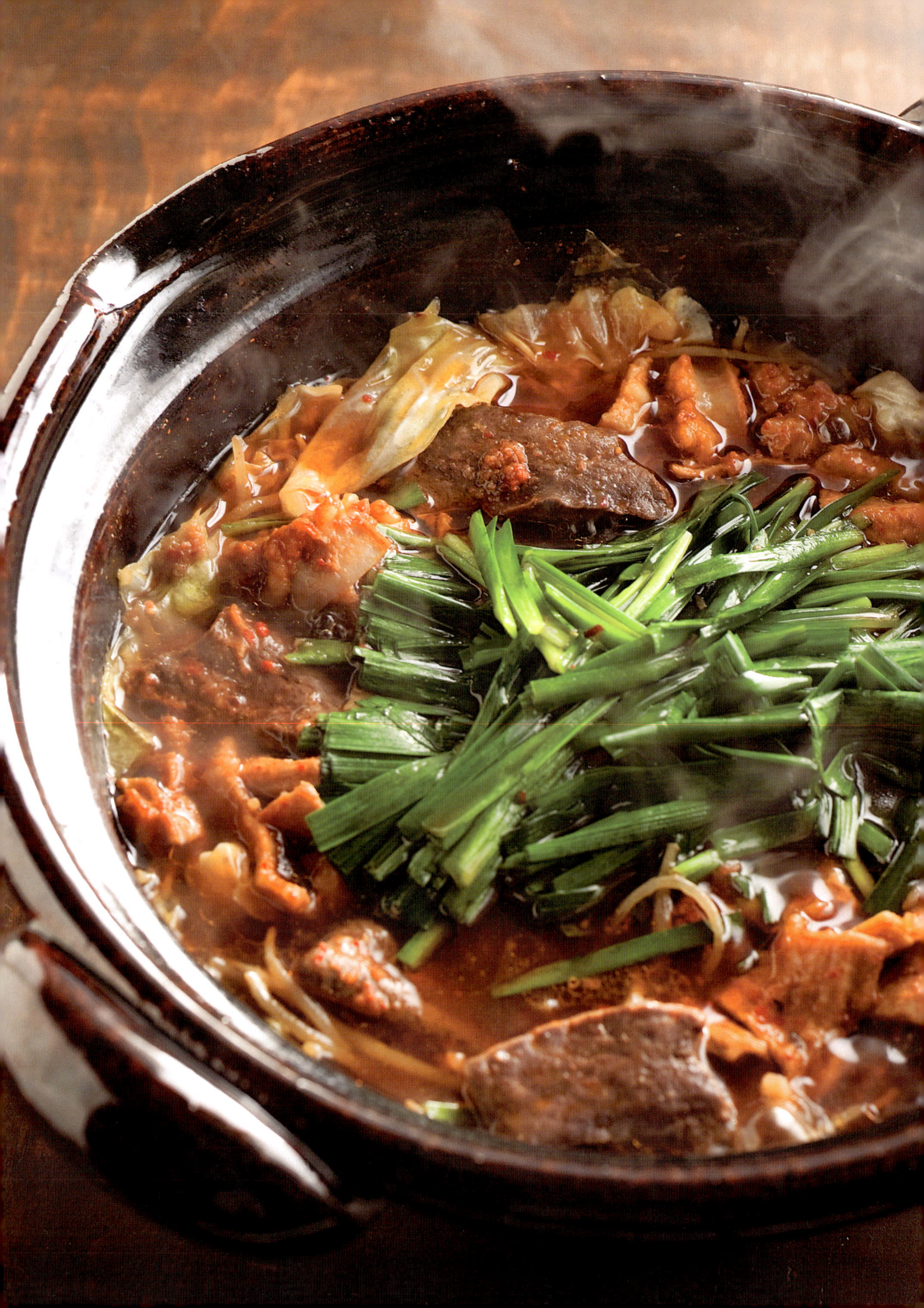

材料(4人分)
牛もつ(新鮮なもの)……500g
　塩……大さじ3
　酒……50mℓ
キャベツ……¼個(250g)
もやし……1袋
にら……1束
たれ
　コチュジャン……大さじ6
　酒、みりん……各大さじ3
　みそ……大さじ2
　しょうゆ……大さじ1
　豆板醤(トウバンジャン)……小さじ1
　にんにくのみじん切り……2かけ分
　しょうがのみじん切り……1かけ分
インスタントラーメン……1〜2個

[下準備]
- 牛もつに塩をふってもみ、水洗いして水けをきり、酒をまぶす。
- たれの材料を混ぜ合わせる。
- キャベツはひと口大に切る。もやしは根を取る。にらは3cm長さに切る。

1 下準備をした牛もつをボウルに入れ、たれ大さじ5を加えてもみ込む。

2 土鍋にキャベツを入れ、もやしを広げ入れる。

3 もやしの上に1の牛もつをのせる。

4 3にふたをし、弱めの中火に5分ほどかけ、野菜から水分が出てきたら強火にして10分ほど煮る。もつに火が通ったらにらを入れ、さっと煮て取り分ける。

もつ鍋

近頃人気のもつ鍋。しょうゆ味、みそ味など作り方はいろいろですが、コチュジャンと豆板醤でピリッと辛みをきかせた煮汁で煮込みます。
野菜はキャベツ、もやし、にら。
シメは断然ラーメンがおいしく、
インスタントラーメンを使うのがミソ。

● シメ

具が少なくなってきたらそろそろシメ。インスタントラーメンをかたまりのまま入れ(A)、弱火でふたをして蒸し煮に。菜ばしで麺をほぐし、全体を混ぜます。絶品ですよ!

A

鶏すき鍋

関西では「せせり」、関東では「すき身」と呼ばれる首肉で作るととてもおいしくできます。
なければもも肉で。
山東菜をいっしょに煮合わせます。
すき焼き同様、うまみの出た煮汁を吸った豆腐と糸こんにゃくがまたおいしい。

材料(4人分)
鶏肉(首肉かもも肉)……500g
山東菜(しんとり菜でもOK)……1束
豆腐……1丁
糸こんにゃく……1袋
鶏の脂身(鶏皮でもOK)……適量
一味唐辛子……適量
ご飯……茶碗2杯
昆布……10cm長さ
溶き卵……2個分
青ねぎ……少々
塩、酒、しょうゆ……各適量

[下準備]
● 鶏肉は大きければ食べやすい大きさに切る。
● 山東菜は葉と茎に分け、3cm長さに切る。豆腐は8等分に切る。糸こんにゃくは食べやすい長さに切る。

1 土鍋を弱めの中火にかけ、温かくなってきたら火を強め、鶏の脂身を鍋肌全体に塗る。溶けた脂から煙が上がるくらいまで熱くなったら、重ならないくらいの量の鶏肉を入れ、焼きつけて塩少々をふる。

2 鶏肉に焼き色がついたらすぐに返して両面をさっと焼き、酒大さじ2を鍋肌からまわし入れ、アルコール分をとばす。しょうゆ大さじ1も同様にまわし入れ、肉を端に寄せる。

3 あいたところへ豆腐、糸こんにゃくを入れ、塩、しょうゆ各少々を加える。

4 山東菜の茎、葉を順に重ね、ふたをして中火で煮る。山東菜がくたっとしてきたら取り分け、一味唐辛子をふって食べる。

● シメ

シメは雑炊。土鍋に残っている具を除き、昆布だし(水カップ3に昆布を入れて20分ほどおいたもの)を注ぎ(A)、塩、しょうゆ各少々で調味し、火を強めます。ざるに入れてさっと水洗いしたご飯を加え(B)、ふたをして煮ます。ふつふつしてきたら溶き卵を外側からまわし入れて(C)とじ、小口切りにした青ねぎを散らします。

A 　B 　C

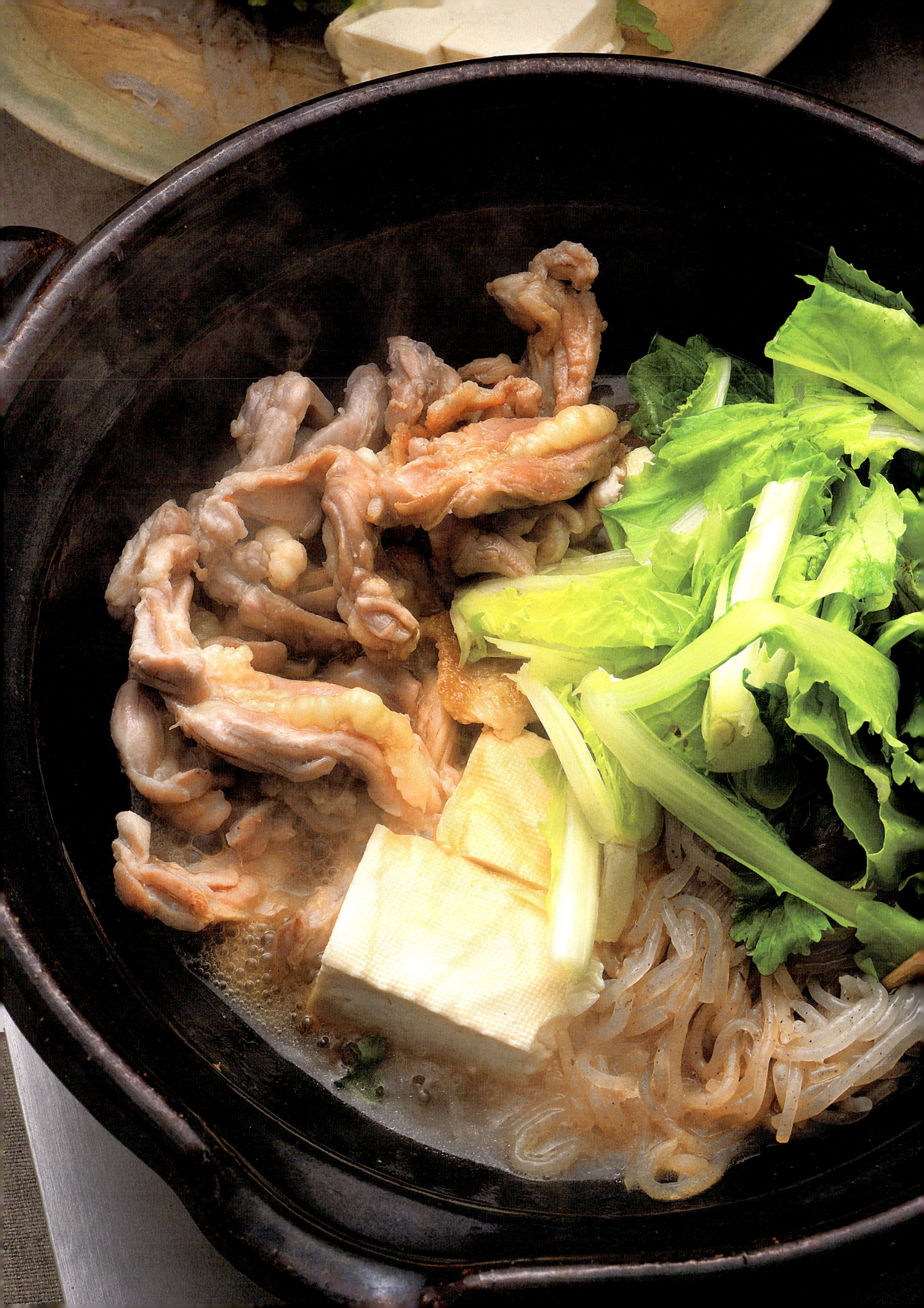

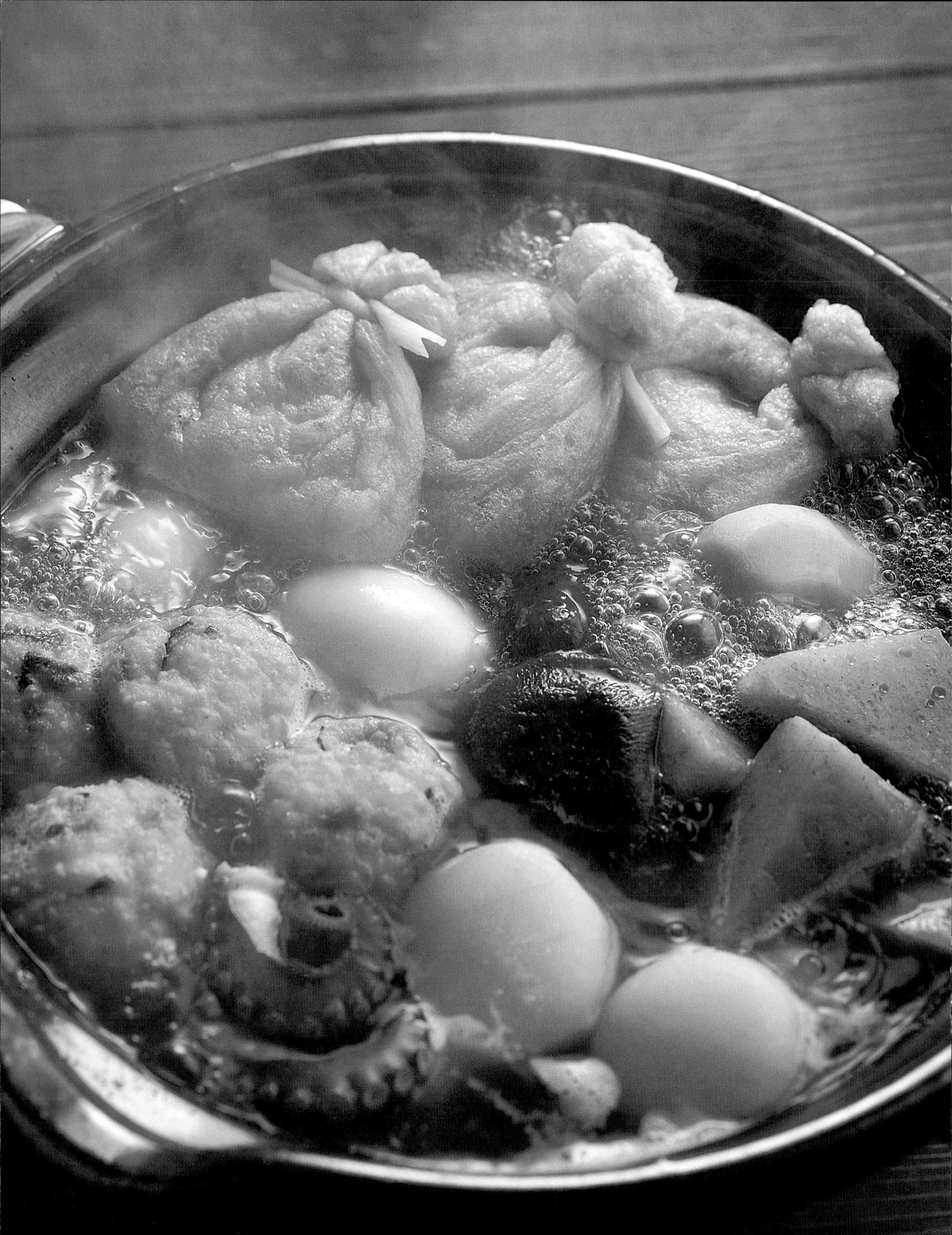

材料(4人分)

飛竜頭(ひりょうず)
- もめん豆腐……200g
- にんじん……30g
- きくらげ……小2個
- えび……2尾
- 卵黄……1個分
- 大和芋のすりおろし……大さじ2
- 塩……少々

揚げ油……適量
大根……小1本(300g)
里芋……小8個
こんにゃく……1枚
干ししいたけ……4枚
ゆでだこの足……4本
ゆで卵……4個

福袋
- 油揚げ……2枚
- 丸餅……小4個
- かんぴょう……15cm長さ4本

煮汁
- だし汁……カップ3½
- 干ししいたけのもどし汁……カップ½
- 酒……大さじ2
- みりん……大さじ1
- しょうゆ、塩……各小さじ1

おでん

**うちのおでんは里芋、たこが入る関西風。
でも練り製品は入れず、その代わり、簡単に作れる小さい飛竜頭が入ります。
みんながよく食べるものだけを入れた結果、この取り合わせになりました。**

1 飛竜頭を作る。豆腐は重しをかけて水けを充分にきる。にんじんは細切りにして電子レンジで30秒加熱し、きくらげは水でもどして細切りにし、えびは殻と背わたを除いて粗切りにする。

2 すり鉢に豆腐を入れてよくすり、ほかの飛竜頭の材料を加えて(A)よく混ぜ合わせる。

3 手のひらにサラダ油(分量外)を塗り、2を直径3cmくらいのだんごにまとめ(B)、180℃の油できつね色になるまで揚げて油をきる。

4 大根は皮をむき、2cm幅の輪切りにし、米のとぎ汁か米ひとつかみ(分量外)を入れた水に入れて下ゆでする。里芋は皮をむいて下ゆでする。こんにゃくはゆでてアク抜きし、ひと口大の三角形に切る。干ししいたけは水カップ1弱でもどし、軸を除いて縦半分に切る。たこはひと口大に切る。

5 福袋を作る。油揚げの長辺を半分に切り、切り口から開いて袋状にし、餅を入れ、口をかんぴょうで結ぶ。

6 土鍋に煮汁の材料を入れ、弱めの中火にかける。温まってきたら4、ゆで卵を入れ、強火にしてふたをし、煮立ったら福袋を加える。再び煮立ったら火を弱め、大根が柔らかくなったら3を加え、さっと煮る。

A

B

うちの定番のおでんだね。飛竜頭作りに揚げ鍋を使いますが、簡単にできておいしいのでこの手間は惜しみません。

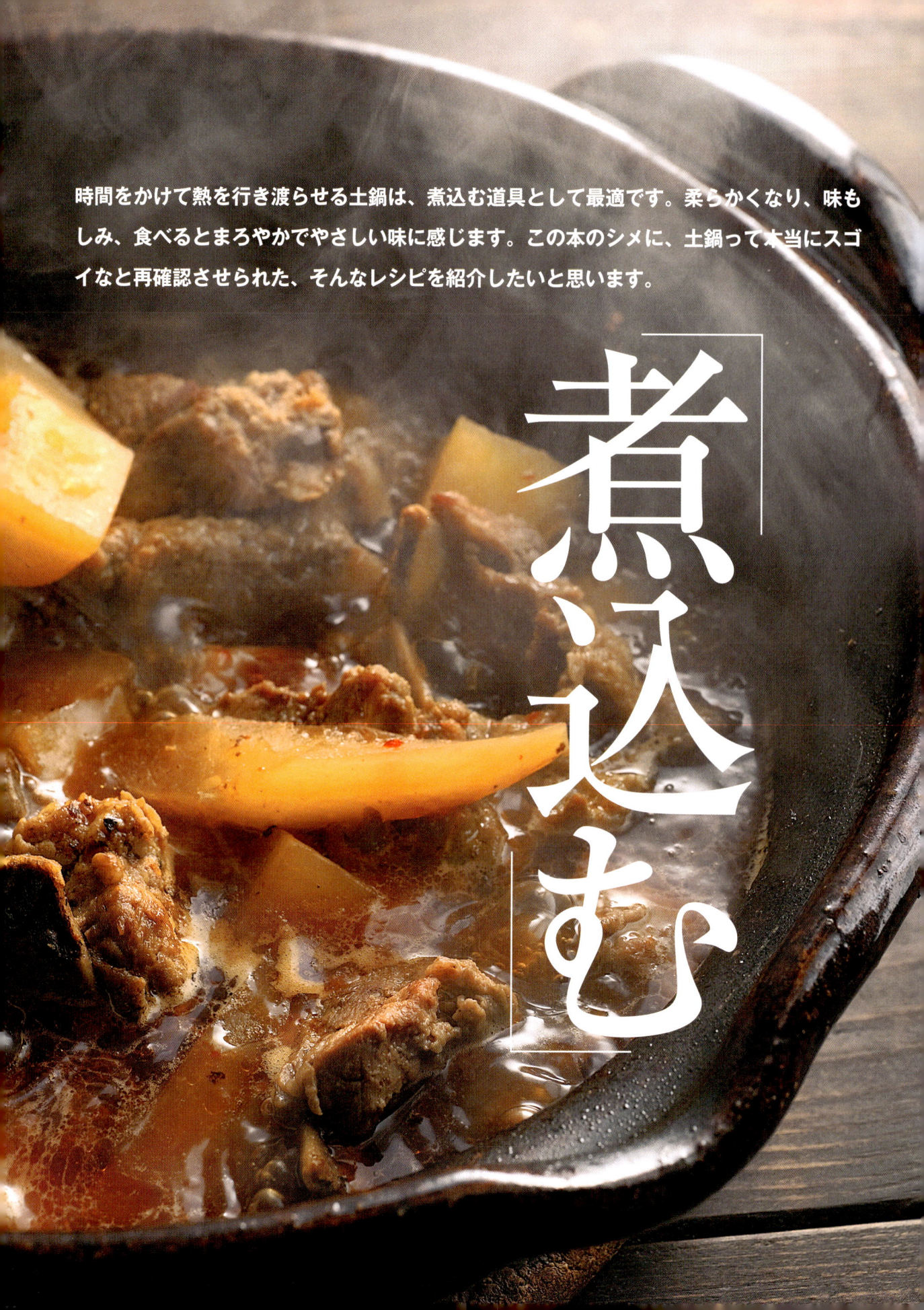

時間をかけて熱を行き渡らせる土鍋は、煮込む道具として最適です。柔らかくなり、味もしみ、食べるとまろやかでやさしい味に感じます。この本のシメに、土鍋って本当にスゴイなと再確認させられた、そんなレシピを紹介したいと思います。

煮込む

斜めに切った青ねぎをたっぷり散らすとさらに美味。余熱で青ねぎが少ししんなりしたあたりが食べごろ。

A

B

スペアリブと大根の豆板醤煮込み

下味をつけたスペアリブと大根を土鍋に放り込んでただただ煮るだけ。
ご飯が進むいいおかずになります。

材料(4人分)
スペアリブ……500g
下味
　酒……大さじ1
　しょうゆ……小さじ2
　黒こしょう……少々
　しょうがの絞り汁……小さじ½
　薄力粉……小さじ1
大根……1本(500g)
サラダ油……大さじ1½
酒……大さじ3
しょうゆ……大さじ2
みりん……大さじ1
鶏がらスープ・洋(94ページ参照)
　……カップ3
豆板醤(トウバンジャン)……小さじ1
しょうがの薄切り……3枚

1 スペアリブは下味の材料をもみ込んで(A)、20〜30分おく。

2 大根は皮をむき、ひと口大の乱切りにする。

3 土鍋にサラダ油を入れ、弱めの中火にかける。充分に温まったら**1**のスペアリブを並べ入れて強火にし、肉を移動させながら焼き(B)、返して両面に焼き色をつけ、取り出す。

4 **3**に酒をまわし入れ、鍋肌をこそげながらアルコール分をとばし、しょうゆ、みりん、スープを順に加える。

5 **4**に大根を入れ、豆板醤、しょうがを加え、大根の上に**3**のスペアリブをのせ、ふたをして弱めの中火で30〜40分、大根が柔らかくなるまで煮る。

玉ねぎの丸炊き

玉ねぎを丸ごと鶏がらスープで煮るだけ。
柔らかく煮あがった玉ねぎもスープもともにおいしい。
玉ねぎの甘みをピリッとしめる仕上げの黒こしょうが味の決め手です。

材料(4人分)
玉ねぎ……4個
鶏がらスープ・洋
　(94ページ参照)……1ℓ
ローリエ……1枚
塩……小さじ1
粒黒こしょう……少々

1　玉ねぎは根元に十字の切り込みを入れる。
2　土鍋に鶏がらスープを入れ、1の玉ねぎを切り込みを入れた側を下にして入れ、ローリエも入れて弱めの中火にかけ、ふたをして煮る(A)。ふつふつしてきたら塩を加え、ふたをして弱火で約30分、柔らかくなるまで煮る。仕上げに粒こしょうを砕いてふる。

材料(4人分)
青梗菜(チンゲンツァイ)……2株
卵……2個
干し貝柱……6個
片栗粉……大さじ1½
塩……小さじ1弱
しょうゆ……小さじ1
ごま油……少々

青梗菜と卵のスープ

おつまみ用の干し貝柱のもどし汁をだしにしたびっくりするほど簡単、でもとびきりおいしい卵スープ。青梗菜がなければ小松菜でも白菜でも美味。たっぷり葉野菜が食べられる、あんかけ風の熱々スープです。

1 青梗菜は葉と茎に分けて食べやすい大きさに切る。干し貝柱は土鍋に入れ、ぬるま湯1ℓを加えてもどす。卵は溶きほぐす。

2 1の土鍋を弱めの中火にかけ、煮立ってきたら塩を入れ(A)、青梗菜の茎を加え(B)、再び煮立ってきたら葉を加える。煮立ってきたらしょうゆを入れて混ぜ、倍量の水で溶いた片栗粉をまわし入れてとろみをつける。

3 煮立ってきたら溶き卵を外側からまわし入れて(C)とじ、香りづけにごま油をたらす。

A　　B　　C

麻婆豆腐（マーボードウフ）

口の中がしびれるほどに花椒を入れ、豆板醤、一味唐辛子、
ラー油も入って思いっきりピリ辛ですが、
土鍋で煮込むとなんだかまろやかな味わいになるから不思議です。
土鍋いっぱい作ってもあっという間に食べきってしまいます。

材料（4人分）
- もめん豆腐……500g
- 豚ひき肉……100g
- 長ねぎ……2/3本
- にんにく……1かけ
- しょうが……1かけ
- ごま油……大さじ2
- 豆板醤（トウバンジャン）……大さじ1½
- 紹興酒……大さじ2
- 甜麺醤（テンメンジャン）……大さじ1
- 豆豉（トウチ）……大さじ1½
- 一味唐辛子……小さじ1
- 花椒（ホワジャオ）……大さじ1
- ラー油……大さじ1
- 鶏がらスープ・和／中（94ページ参照）……カップ1
- しょうゆ……大さじ1
- 塩……少々
- 片栗粉……大さじ1

作り方

1 豆腐はペーパータオルに包み、電子レンジで軽く加熱して水きりし、2cm角くらいに切る。にんにく、しょうが、長ねぎはみじん切りにする。

2 土鍋にごま油、にんにく、しょうがを入れ、弱めの中火にかける。パチパチ音がしてきたら1分ほど炒めて香りを移し、豆板醤を加えて炒める（A）。

3 2にひき肉を入れ、塩をふり、火を強めてパラパラになるまで炒め、紹興酒をまわし入れ（B）、アルコール分をとばしながら炒める。

4 3に甜麺醤、豆豉を加えて炒め、鶏がらスープを加え、ふたをして煮る。煮立ってきたらしょうゆ、一味唐辛子、ラー油を加え、1の豆腐を入れ（C）、火を弱めて煮る。ふつふつと煮つまってきたら倍量の水で溶いた片栗粉をまわし入れてとろみをつけ、ひと煮し、仕上げに花椒、長ねぎを加える（D）。

白いご飯に熱々の麻婆豆腐をかけて食べる、なんて幸せなんだろうと思います。

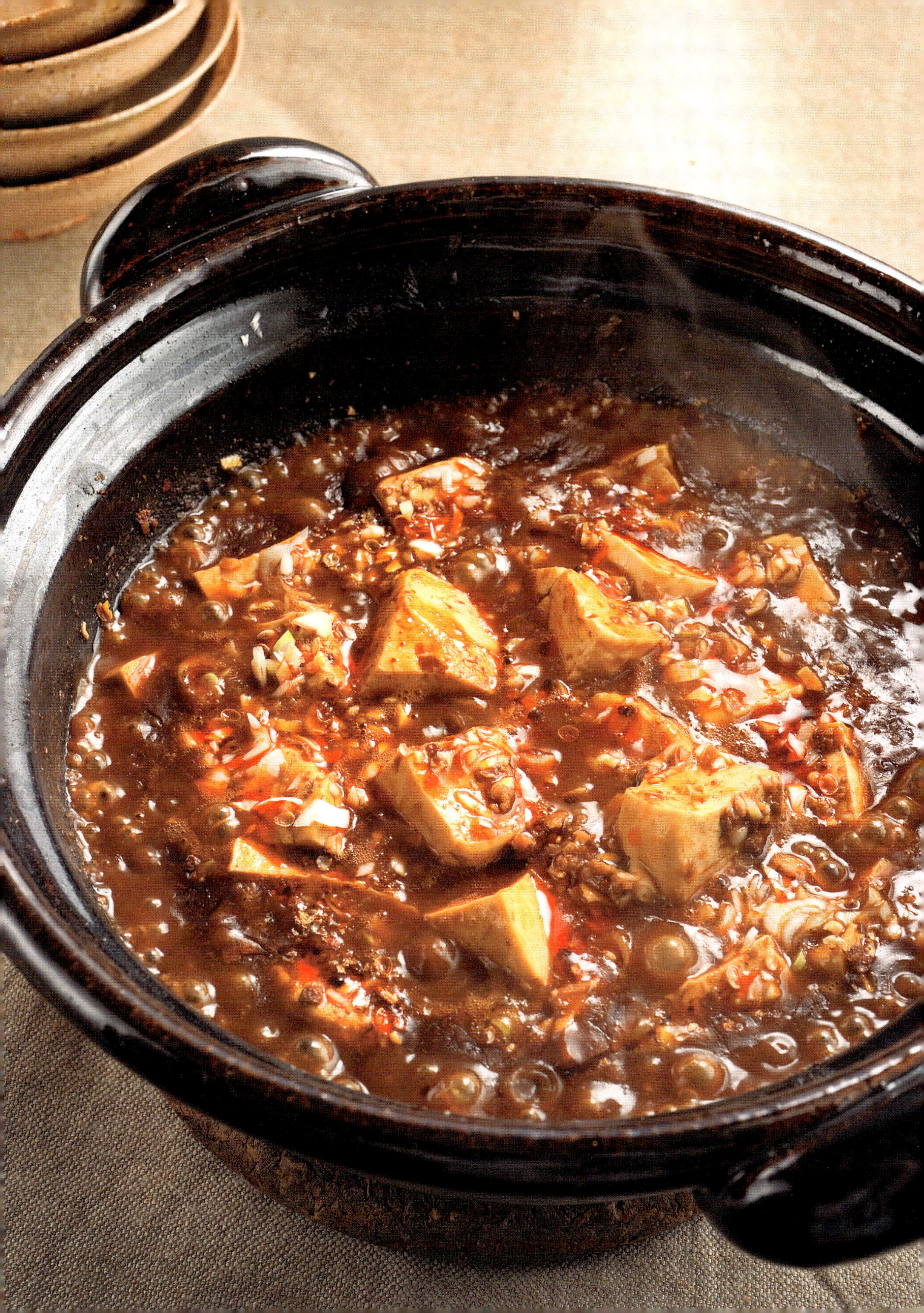

おから

おからを煮込む？と思われるかもしれませんが、
たっぷりのだし汁でことこと煮つめ、しっとり仕上げるのが福森流。
甘辛い関東風ではありませんが、おいしいですよ。

材料（作りやすい分量）
おから……300g
鶏こま切れ肉……100g
にんじん……100g
油揚げ……1枚
サラダ油……大さじ2
酒……50mℓ
だし汁……カップ4
みりん……大さじ2
薄口しょうゆ……小さじ1
塩……適量

1 鶏肉は小さく切る。にんじんはマッチ棒大に切る。油揚げは熱湯をかけて油抜きし、にんじんと同じ長さの細切りにする。

2 土鍋にサラダ油を入れ、弱めの中火にかけて温める。パチパチ音がしてきたら鶏肉を入れ、強火にし、脂を出すようにして炒める。

3 2ににんじんを入れて炒め合わせ、全体に油がまわったら酒を入れ、アルコール分をとばす。おからを加えて(A)混ぜ、だし汁とみりんを加え、油揚げも加えて煮る(B)。煮立ったら火を弱め、ときどき混ぜながら30～40分煮る。おからが顔を出すくらいに煮つまってきたら(C)、薄口しょうゆ、塩小さじ1で調味し、さらに20～30分、しっとり加減に煮つめ、塩少々で味を調えて煮あげる。器に盛り、好みで青ねぎの小口切り(分量外)を散らす。

A　　　B　　　C

牛すじ肉と大根の煮物

煮込むほどに柔らかくなるのが牛すじ肉。
安価でおいしい素材なのに、なぜもっと活用しないのだろうといつも思います。
牛すじ肉のうまみが出たおいしいスープを含んだ大根がまた美味。

材料(作りやすい分量)
牛すじ肉……500g
大根……600g
長ねぎの青い部分……2本分
しょうが……2かけ
酒……大さじ3
煮汁
　だし汁……カップ1
　酒……50ml
　みりん……100ml
　しょうゆ……大さじ3
　塩……小さじ1

1 牛すじ肉は大きめのひと口大に切る。しょうがはつぶす。

2 大根は皮をむいて3cm幅の輪切りにし、米少々(分量外)を入れた水に入れて下ゆでする。

3 土鍋に水1.5ℓ、1の牛すじ肉としょうが1かけ分、ねぎの青い部分、酒を入れて弱めの中火にかける。温まってきたら強火にし(A)、煮立ってきたら少し火を弱め、アクを除きながらゆでる。アクが出なくなってきたら金ざるにあけ、ねぎ、しょうがを除き、流水で洗う(B)。

4 土鍋を洗って底をふき、煮汁の材料を入れ、弱めの中火にかける。温まってきたら火を強め、煮立ててアルコール分をとばす。3の牛すじ肉、2の大根、残りのしょうがを入れ、再び煮立ってきたら火を弱め、ふたをして1時間ほど煮る。

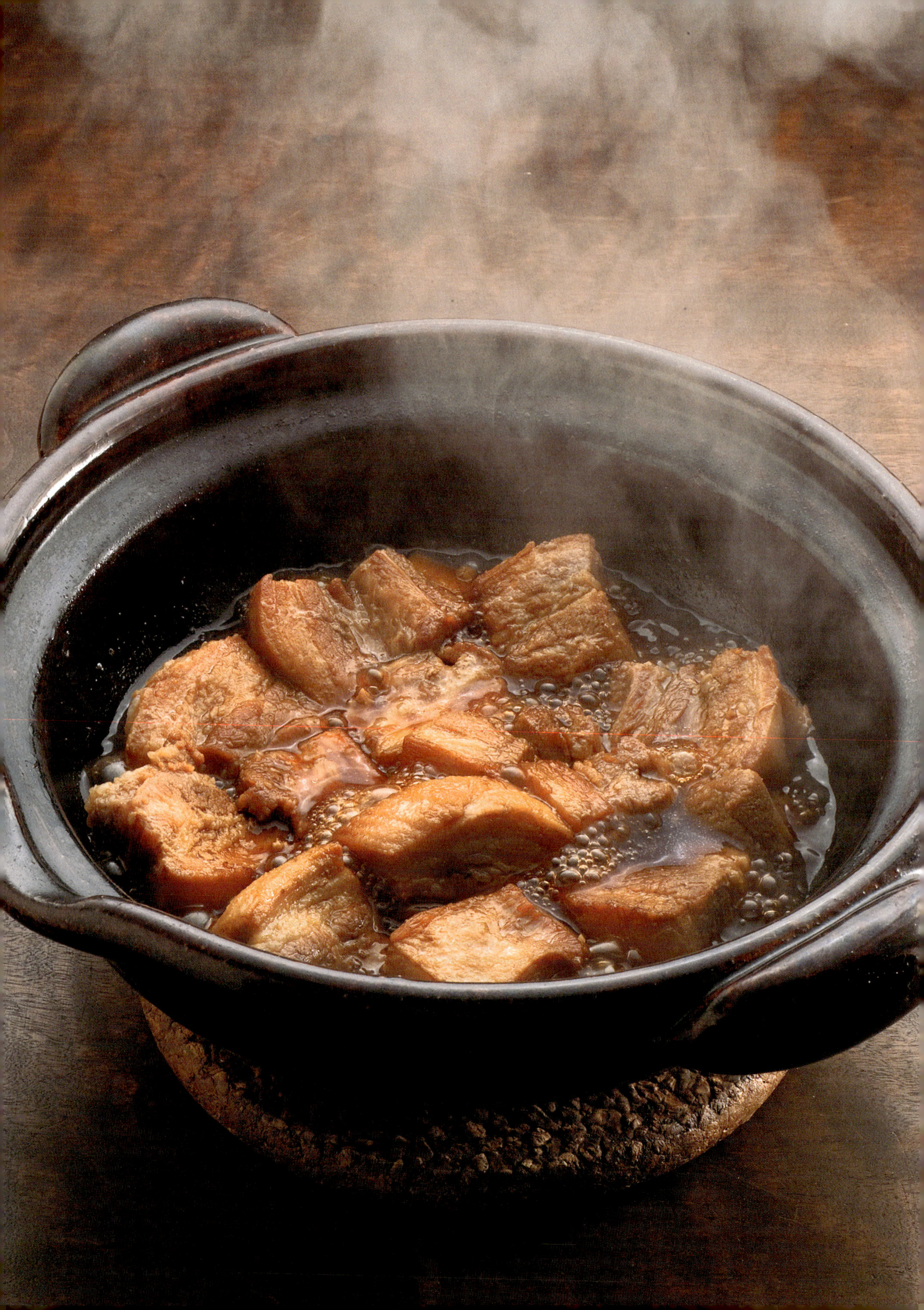

材料(作りやすい分量)
豚ばらかたまり肉……1kg
長ねぎの青い部分……2本分
しょうが……1かけ
サラダ油……大さじ1
酒……50㎖
みりん……50㎖
しょうゆ……50㎖

角煮

豚ばら肉をしょうゆ味でこっくり煮込んだ角煮は、それだけでご馳走です。
いろいろな煮方がありますが、肉を焼きつけてから熱湯でゆで、
脂とアクを除きながらことこと1時間。
肉が柔らかくなったらしょうゆとみりんで調味。
土鍋で作ると、これでおいしくできます。

1 豚肉は常温にもどし、大きめのひと口大に切る。しょうがはつぶす。
2 土鍋を弱めの中火にかけ、温まってきたらサラダ油を入れ、豚肉を脂身を下にして入れる。火を強め、肉を鍋肌に押しつけるようにして焼きつける。鍋肌の熱い部分に肉を移動させながら表面全体に焼き色がつくまで焼き、出てきた脂をふき取る(A)。
3 2に熱湯をひたひたくらいまで注ぎ(B)、しょうが、長ねぎの青い部分を入れる。再び煮立ったら酒を加え、脂とアクを除きながら煮る(C)。湯が少なくなってきたら熱湯を足し、ふたをして弱めの中火で1時間ほど煮る。肉に竹串を刺してすっと通るくらいまで柔らかくなったら、みりんとしょうゆを加え、ふたをとったまま煮汁が半分くらいになるまで煮つめる。

ふっくら柔らかい角煮はたっぷりのしらがねぎとせん切りしょうがとともに味わうのがいちばん。

チリコンカン

豆と肉を唐辛子をきかせて煮込んだおなじみの辛い煮込み料理を、豆の水煮缶とトマト缶と、ベーコンで手軽に作ります。

材料(作りやすい分量)
豆水煮缶……1缶(400g)
ベーコン(ブロック)……100g
マッシュルーム……100g
にんにく……2かけ
赤唐辛子……1〜2本
ホールトマト缶……1缶(400g)
オリーブ油……大さじ1
白ワイン……カップ1
塩、こしょう……各少々

1 豆は缶汁をきる。ベーコンは細切りにする。マッシュルームは石づきを除いて縦半分に切る。にんにくは縦半分に切って芯を除き、つぶす。赤唐辛子は半分にちぎって種を除く。

2 土鍋にオリーブ油とにんにく、赤唐辛子を入れ、弱めの中火にかけて温める。パチパチ音がしてきたら1分ほど炒め、香りが立ってきたらベーコンを加え、火を強めて炒める。ベーコンに焼き色がついてきたらマッシュルームを加えて炒め合わせる。

3 2の鍋肌から白ワインをまわし入れ(A)、アルコール分をとばし、トマトをつぶしながら加え、缶汁も入れて煮る。煮立ってきたら火を弱め、ときどき混ぜながら30分ほど煮る(B)。煮つまってきたら豆を加え(C)、塩、こしょうで調味し、ひと混ぜし、ふたをして弱めの中火で5分ほど煮る。

材料(作りやすい分量)
牛すね肉……500g
塩……大さじ1強
白こしょう……少々
にんじん……1本
じゃが芋……3個
キャベツ……½個(500g)
玉ねぎ……1個
セロリ……1本
ブーケガルニ
　長ねぎの青い部分……2本分
　セロリの葉、パセリの茎……各少々
　ローリエ……1枚
にんにく……小3かけ
粒白こしょう……小さじ1
マスタード……適量

ポトフ

かたまり肉をゆでるときは、ふたをとったまま、ゆで汁を対流させないように、がポイント。アクが肉の中に入り、ゆで汁も濁るからです。

1 牛すね肉は常温にもどし、塩と白こしょうをもみ込み、たこ糸で縛る。にんじんは縦半分にして4cm長さに切る。じゃが芋は皮をむき、縦半分に切り、さらに横半分に切る。キャベツ、玉ねぎは3cm幅のくし形切りにする。セロリは筋を取り、5cm長さに切る。にんにくはつぶす。

2 ブーケガルニの材料をたこ糸などで束ねる。

3 土鍋に水1.5ℓと牛すね肉を入れ、弱めの中火にかけ、温まってきたら強火にして煮る。煮立ってきたらアクを除き(A)、ブーケガルニとにんにく、粒白こしょうを入れて弱火にし(B)、煮汁から肉が出ないよう熱湯を足しながら1時間ほど煮込む。

4 肉が柔らかくなったら1の野菜を入れ(C)、強火にして煮る。煮立ったら火を弱め、ふたをしてにんじんが柔らかくなるまで煮る。食べやすい大きさに肉を切り分け、野菜を添えて器に盛り、マスタードを添える。

A　　B　　C

A　　　　　　　B 　　　　　　　C

ロールキャベツ

スープでことこと煮込むタイプのロールキャベツです。
詰め物はうまみ出し的な役割で、
豚ひき肉にベーコンを加え、少なめの量を巻くのがポイント。
おいしいスープを含ませて、柔らかく煮込んだキャベツのやさしい味が魅力です。

材料（4人分）
キャベツ……8枚
詰め物
　豚ひき肉……150g
　ベーコン（ブロック）……50g
　玉ねぎ……1個
　食パン（6枚切り）……½枚
　牛乳……30ml
　塩、こしょう……各少々
　サラダ油……大さじ2
鶏がらスープ・洋（94ページ参照）
　……カップ2
ローリエ……1枚
塩……小さじ⅔
こしょう……少々

1 土鍋にたっぷりの水を入れ、弱めの中火にかけ、温まったら徐々に火を強めて沸かす。キャベツを入れてゆで、水けをきって芯を薄くそぐ。

2 詰め物を作る。ベーコンは5mm角に切る。玉ねぎはみじん切りにし、サラダ油で色づくまで炒めて冷ます。食パンは細かくちぎり、牛乳に浸す。

3 ボウルに豚ひき肉と**2**を合わせ、塩、こしょうで調味し（A）、よく混ぜ合わせ、8等分にして俵形にまとめる。

4 **1**のキャベツを広げ、**3**を置いて風呂敷で包む要領で包む（B）。

5 土鍋に鶏がらスープを入れ、塩、こしょうを加えて弱めの中火にかけて温める。**4**を並べて（C）強火にし、ローリエを入れ、ふたをして煮る。煮立ってきたら弱火にし、30分ほど、キャベツが柔らかくなるまで煮込む。

スプーンで割れるくらいに、柔らかく煮込んだキャベツがおいしく、ご飯が進むおかずになります。

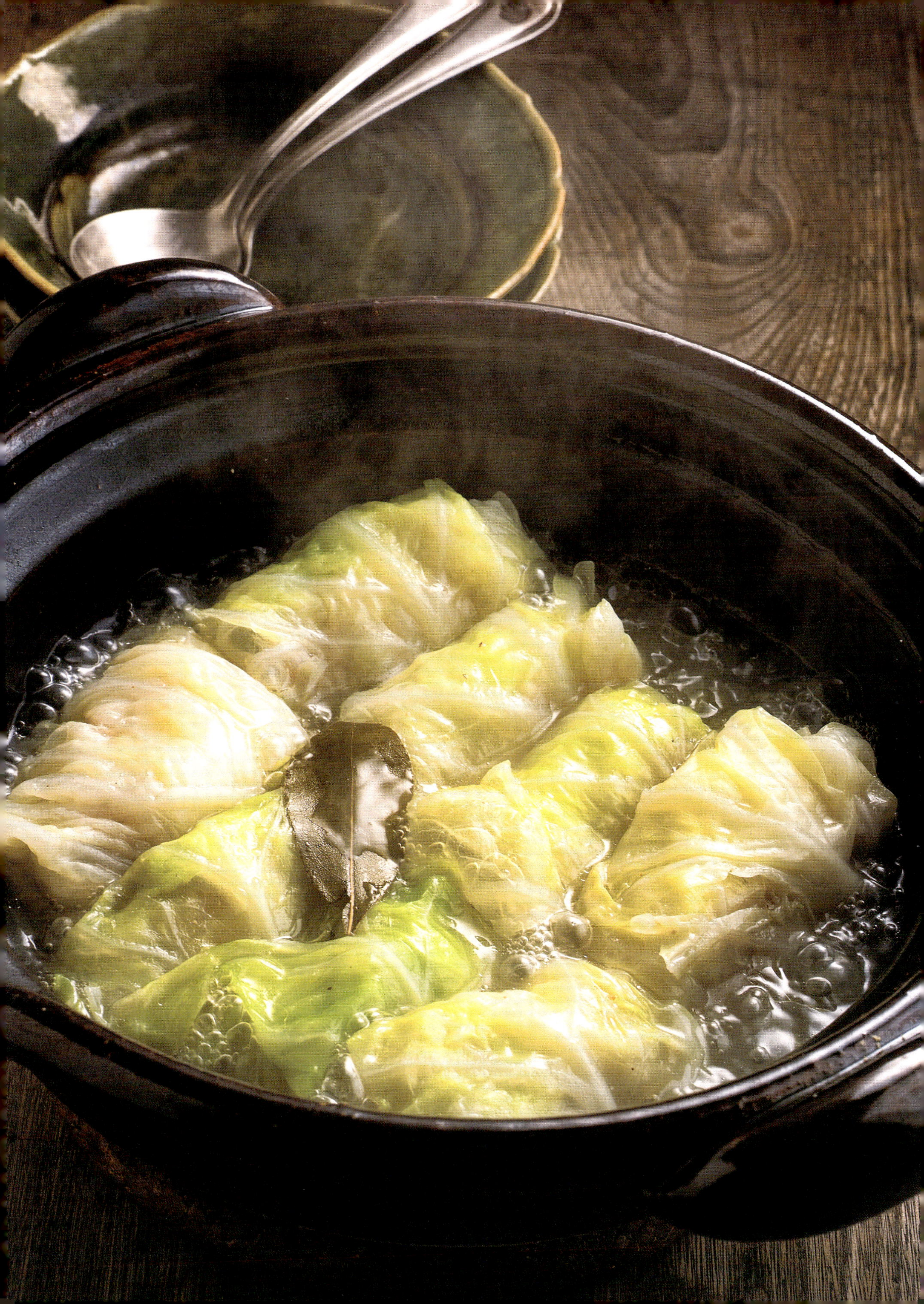

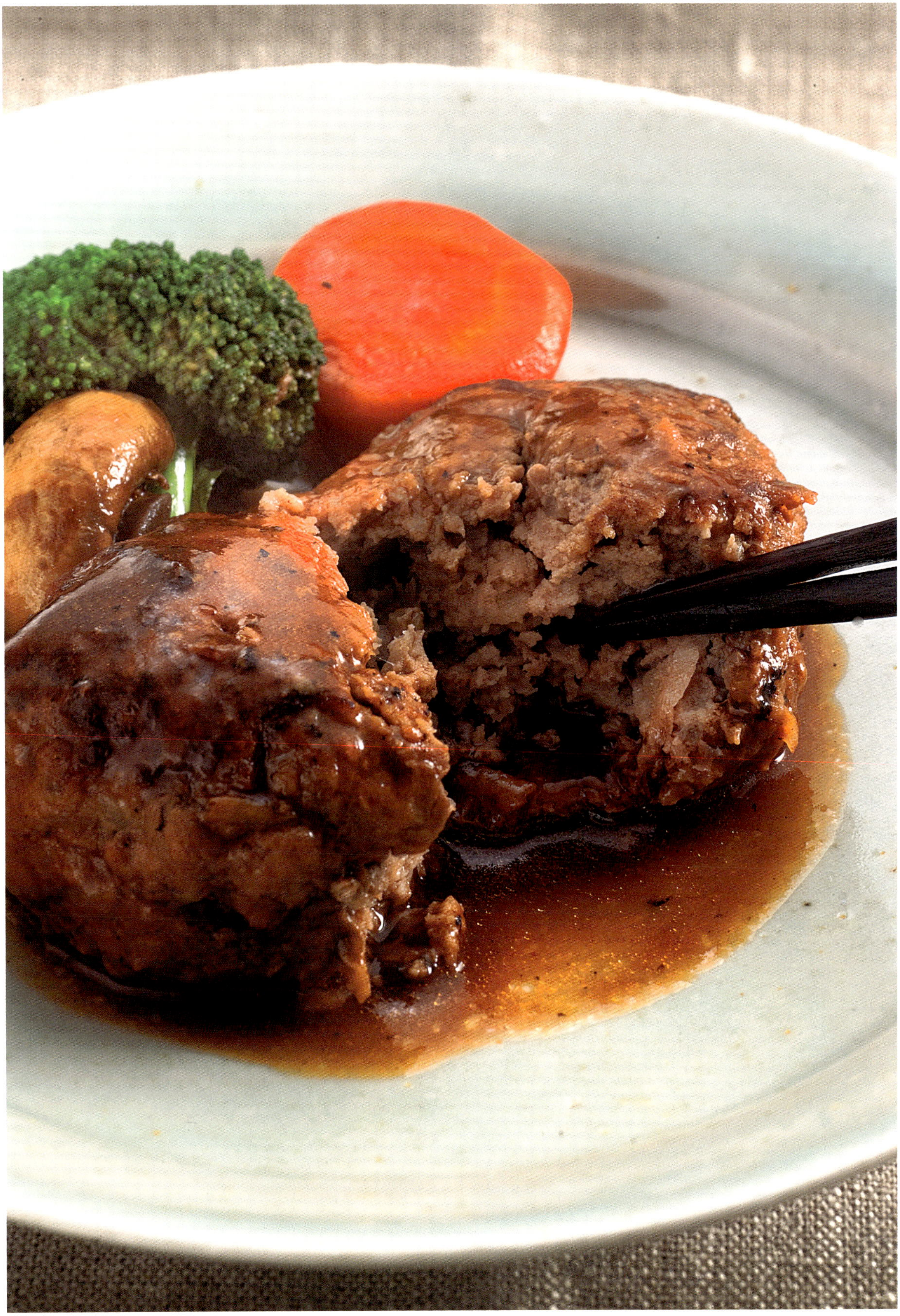

煮込みハンバーグ

表面を焼いたハンバーグを野菜といっしょに
デミグラスソースでくつくつ煮込みます。
シチューとハンバーグステーキの両方のおいしさを堪能。
焼き加減を気にすることなく、
ふっくらジューシーに仕上がるのも煮込みハンバーグの魅力です。

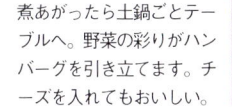

材料（作りやすい分量）
ハンバーグのタネ
 合いびき肉……500g
 卵……1個
 玉ねぎ……1個
 食パン（6枚切り）……½枚
 牛乳……30ml
 ナツメッグ……少々
 サラダ油……大さじ1
 塩、こしょう……各少々
サラダ油……適量
マッシュルーム……1パック
ブロッコリー……1個
にんじん……1本
デミグラスソース缶……1缶（400g）
赤ワイン……カップ½
鶏がらスープ・洋（94ページ参照）
 ……カップ1
トマトケチャップ……大さじ1
塩……小さじ½
ウスターソース……大さじ2

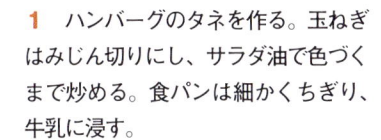

煮あがったら土鍋ごとテーブルへ。野菜の彩りがハンバーグを引き立てます。チーズを入れてもおいしい。

1　ハンバーグのタネを作る。玉ねぎはみじん切りにし、サラダ油で色づくまで炒める。食パンは細かくちぎり、牛乳に浸す。

2　ボウルに合いびき肉を入れてよく練り、1、卵を加え、ナツメッグ、塩、こしょうで調味し、粘りが出るまでよく練り混ぜ、8等分にし、手のひらにサラダ油少々を塗り、キャッチボールをするように手のひらにたたきつけて空気を抜き、小判形にまとめる。

3　マッシュルームは石づきを除いて縦半分に切る。ブロッコリーは小房に分け、にんじんは2cm幅の輪切りにし、いっしょに耐熱容器に入れ、ラップをして電子レンジで2分ほど加熱する。

4　土鍋を弱めの中火にかけ、温まってきたらサラダ油大さじ2を入れ、鍋肌に2を並べて強火で焼く（A）。ハンバーグを移動させながら焼き色をつけ、返して両面を焼いて取り出す。

5　4の余分な脂をペーパータオルでふき取る。ワインを鍋肌からまわし入れ（B）、焼きめをこそげる。デミグラスソースを加え、鶏がらスープを注ぎ、木べらで混ぜながら煮る。煮立ってきたらアクを除いて火を弱め、トマトケチャップ、塩で調味し、マッシュルーム、にんじんを加えてひと煮し、4のハンバーグを戻し入れる（C）。ウスターソースを加えて味を調え、ハンバーグに火が通るまで15分ほど煮込み、煮あがる2～3分前にブロッコリーを入れてひと煮する。

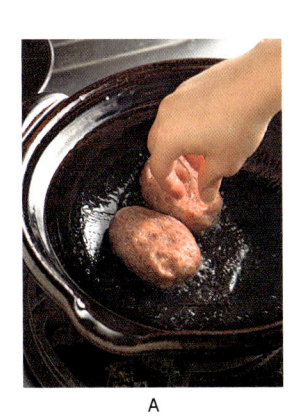

A 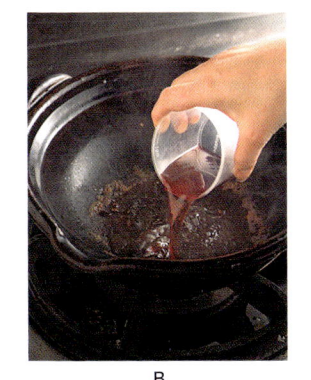　B 　C

A　　　　　　　B　　　　　　　C　　　　　　　D

しょうがシロップ

しょうがを刻んではちみつときび砂糖といっしょにことこと煮たシロップです。
体を芯から温め、のどにもよい薬膳的にも効用の高いしょうがを
シロップにすることで、さらにおいしく味わえます。
寒い時期は熱湯で、暑い時期は冷水で割って。ふつうの土鍋でもできますが、
うちでは深鍋（ポトフ鍋／9ページ参照）を使って煮ます。底の丸い深鍋は、煮汁が対流し、
時間をかけてしょうがのエキスを煮出すのにぴったりです。

材料（作りやすい分量）
根しょうが……500g
はちみつ……100g
きび砂糖……100g
ゆず……½個

1 しょうがは皮ごとマッチ棒よりやや太めに切る。
2 土鍋にしょうがと水1ℓを入れ（A）、弱めの中火にかけ、徐々に火を強める。煮立ってきたら弱火にし、10分煮てはちみつ、きび砂糖を加え（B）、ふたをして30分ほど煮込む（C）。
3 火を止め、ゆずを絞って入れ（D）、そのまま冷ます。

冷たい炭酸水で割れば、自家製ジンジャーエールのできあがり。夏バテ防止にも最適。

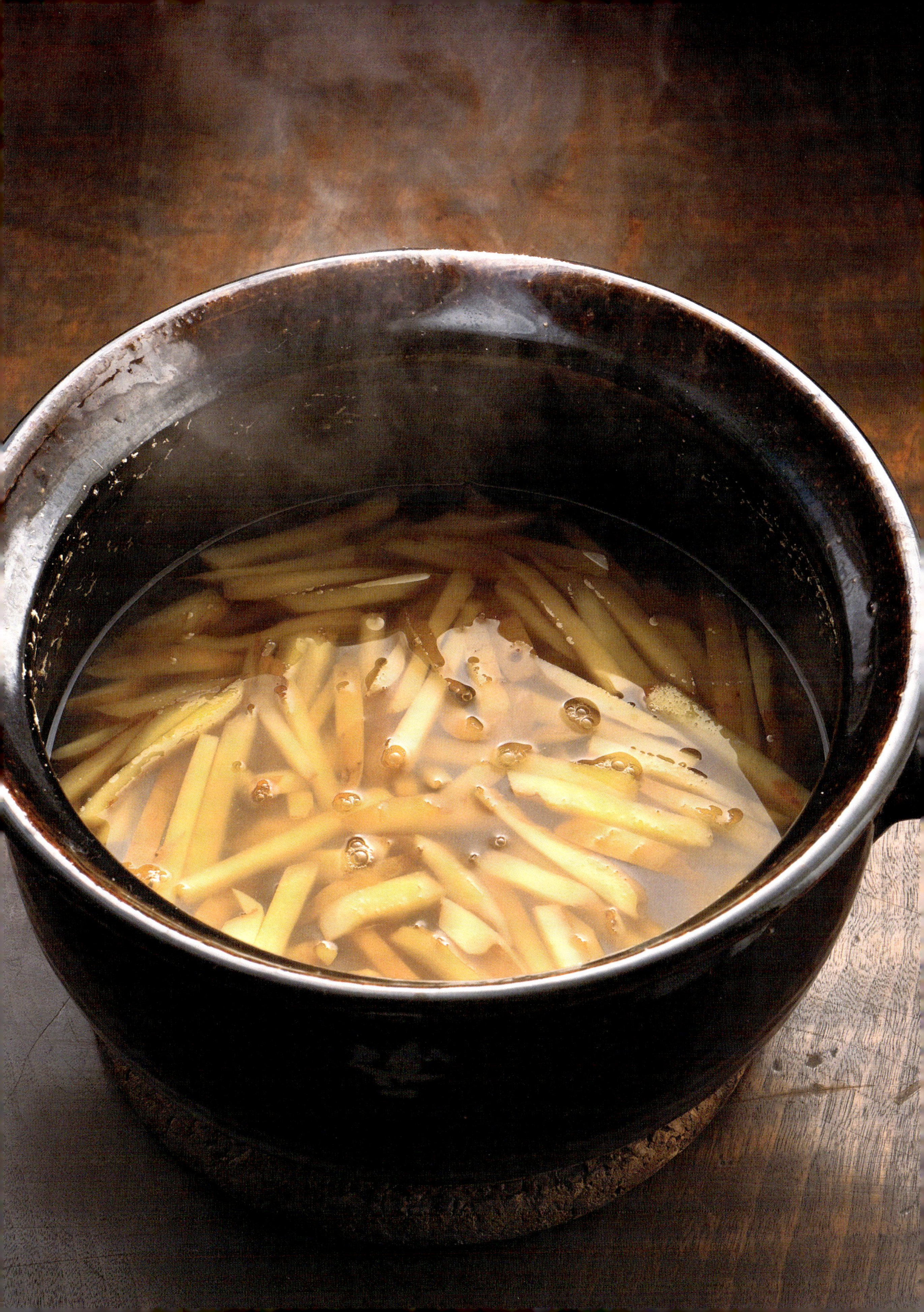

材料(作りやすい分量)
いちご……1kg
レモン(国産のノーワックス)……2個
きび砂糖……300g

1 いちごはへたを取る。レモンは薄い輪切りにする。
2 土鍋にいちごを入れ、レモンをのせ、きび砂糖を加え(A)、ふたをして弱火にかける。水分が出てきたら中火にし、ときどきアクを取りながら(B)、ふたをして30分ほど煮込む。火を止め、そのまま冷ます。

いちご&レモンジャム

深鍋(ポトフ鍋／9ページ参照)はジャムを煮るのにも最適。
熟してちょっと形がくずれた旬のフルーツを見つけたらジャムにします。
これはうちの定番、レモンの酸味がさわやかないちごジャムです。

多めに作ったジャムやしょうがシロップ(90ページ参照)は瓶で保存を。空き瓶を洗って煮沸消毒し、ぴったりふたをすればOK。

A   B

A　　　　　　　　B　　　　　　　　C

洋梨のコンポート

フルーツを煮ることに長けている深鍋でコンポートを作ります。
りんご、桃、プラムなど、煮ておいしいフルーツならなんでも応用できます。

材料（作りやすい分量）
洋梨……4個
白ワイン……カップ2
グラニュー糖……50g
レモン（国産のノーワックス）……1個
シナモンパウダー……小さじ1

1　洋梨は皮をむき、四つ割りにして芯の部分を切り落として平らにする（A）。レモンは両端を切り落として半分に切る。
2　土鍋にワイン、洋梨を入れ、グラニュー糖をふり入れる。レモンを入れ、シナモンをふり入れ（B）、真ん中に穴をあけたペーパータオルで落としぶたをする（C）。
3　2にふたをし、弱めの中火にかける。煮立ってきたらアクを除き、ふたをして弱火で煮る。半分くらい洋梨が透き通ってきたら火を止め、そのまま冷ましてシロップを含ませる。

土鍋で作る
基本の鶏がらスープ＆
ストックして重宝する
ミートソース

鶏がらスープ

鶏がらを香味野菜とともに土鍋で煮るだけで、極上のスープがとれます。香味野菜を替えるだけで和風、中華風、洋風に。多めに作って製氷皿に入れて冷凍しておけば、重宝します。

和、中 　　　洋

鶏がらスープ・和／中の材料
（作りやすい分量）
鶏がら……1羽分
長ねぎの青い部分……2本分
しょうが……1かけ（16g強）
昆布……10cm長さ
酒……50㎖

鶏がらスープ・洋の材料
（作りやすい分量）
鶏がら……1羽分
長ねぎの青い部分……1本分
セロリ……1本
にんじん……小1本
玉ねぎ……½個
にんにく……2かけ
パセリの茎……4〜5枝分
白粒こしょう……小さじ1
白ワイン（または酒）……50㎖

1　鶏がらは背骨の中央にあるコロッとした球状のもの（A）やレバーや脂などを除き、水洗いする。
2　土鍋に1と水2ℓを入れ、そのほかの材料もすべて入れ（B）、弱めの中火にかける。土鍋が温まってきたら火を強め、煮立ってきたらアクを除き（C）、火を弱めて30〜40分、煮込む。
3　ペーパータオルをこし器に敷き、2をあけてスープをこしとる（D）。

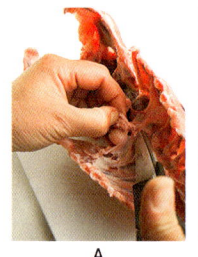

A 　　B 　　C 　　D

ミートソース

ラザニアやスパゲッティなどに大活躍のミートソース。土鍋で煮込むとこっくりおいしくできるのでおすすめです。

材料（作りやすい分量）
合いびき肉……500g
玉ねぎ……大1個
にんじん……70g
セロリ……90g
にんにく……2かけ
ローリエ……2枚
ホールトマト缶……2缶（800g）
オリーブ油
　……大さじ3
赤ワイン
　……カップ2
鶏がらスープ・洋
　……カップ3
塩、こしょう
　……各適量

1　玉ねぎ、にんじん、セロリ、にんにくはそれぞれみじん切りにする。
2　土鍋にオリーブ油とにんにくを入れて弱めの中火にかけ、炒める。香りが立ち、パチパチ音がしてきたら玉ねぎ、にんじん、セロリを加え（A）、火を強めて炒め合わせる。野菜から甘みを引き出すようにして時間をかけて炒め、塩少々を入れる。湯気があがってきたら弱火にし、全体で30分ほど炒める。
3　2にひき肉を入れ、火を強め、塩、こしょう各小さじ½を加え、火を弱めて30分ほど炒める。
4　3にワインを加え（B）、アルコール分をとばす。トマトを缶汁ごと加え（C）、鶏がらスープ、ローリエも加える。煮立ったらアクを除き（D）、ふつふつするくらいの火加減で、ときどき混ぜながらアクを除き、2時間ほど煮る。塩小さじ1、こしょう少々を加えてさらに10〜15分、煮つめる。

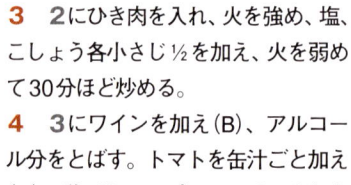

A 　　B 　　C 　　D

土鍋の使い始めと扱い方

新しい土鍋は使う前におかゆを炊く

伊賀の土で作る土鍋は使うたびに膨張と収縮を繰り返し、釉薬のかかっている内側には貫入（素地と釉薬の収縮率の違いで入るひび）が、鍋底の裏にはひびが入ります。新しい土鍋は、料理に使う前にまずおかゆを炊き、素地の目や貫入を埋め、水漏れを防ぎます。土鍋が焦げないよう充分に気をつけながら弱火から徐々に加熱し、沸騰後は弱火にし、途中適宜水を足しながら、おかゆがのり状になるまで1時間ほど炊きます。火を止めたら24～48時間放置し、貫入を埋めます。このおかゆは捨て、土鍋をきれいに洗った後、水けをふき、裏返して乾燥させます。完全に乾いてから初めて土鍋を使います。

使いこむうちに、さらに貫入やひびが入り、土鍋はますます使いやすくなっていきます。ひびから水がしみ出し、少しもるようになったら、またおかゆを炊いて埋めます。これを繰り返すうちに土鍋は火に慣れ、使いやすくなっていきます。

熱々の土鍋は鍋敷きの上にのせる

土鍋が熱いうちはやけどに注意。テーブルの上にじかに置かず、必ず鍋敷きの上にのせるようにします。鍋底の裏は粗い粘土でできているので、テーブルに傷をつけないためにも鍋敷きを。

熱いうちに水につけると割れる

土鍋は水分がしみこみやすく、汚れをそのままにしておくと、においがついたりカビが生える原因に。残りものは早めに別の容器に移し、洗います。ただし急激な温度変化を受けると割れる危険があるので、必ず土鍋が冷めてから洗います。

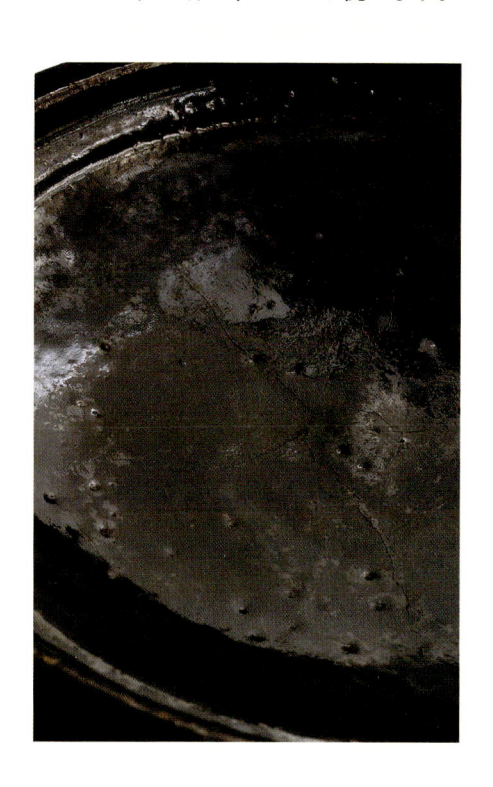

福森道歩 ふくもり みちほ

三重県の伊賀・丸柱に江戸時代より続く窯元「土楽」の七代目で陶芸家の福森雅武氏の四女として1975年に生まれる。短大卒業後、料理研究家村上祥子氏のもとで3年、辻調理師専門学校で1年、料理を学んだ後、大徳寺龍光院にて1年禅寺での生活を経験する。2003年家業に入り、土鍋を作る傍ら、「食」と向かい合う日々。名料理人でもある父・母ゆずりの味覚の確かさ、「食」を通して喜んでもらいたいと思う心、きらめく若さに満ちた勢いのある料理が多くの人々を喜ばせている。

撮影　中里一暁
アートディレクション　昭原修三
レイアウト　酒井由加里（昭原デザインオフィス）
企画・構成・編集　岡野純子

講談社のお料理BOOK
一年中使える！ご飯炊きからローストビーフまで
スゴイぞ！土鍋

2010年4月22日　第1刷発行
2012年1月31日　第6刷発行
著　者　福森道歩
発行者　鈴木　哲
発行所　株式会社　講談社
　　　〒112-8001　東京都文京区音羽2-12-21
　　　電話　（編集部）03-5395-3527
　　　　　　（販売部）03-5395-3625
　　　　　　（業務部）03-5395-3615
印刷所　大日本印刷株式会社
製本所　株式会社若林製本工場

定価はカバーに表示してあります。落丁本・乱丁本は購入書店名を明記のうえ、小社業務部あてにお送りください。送料小社負担にてお取り替えいたします。
なお、この本についてのお問い合わせは、生活文化第一出版部あてにお願いいたします。
本書のコピー、スキャン、デジタル化等の無断複製は著作権法上での例外を除き禁じられています。本書を代行業者等の第三者に依頼してスキャンやデジタル化することはたとえ個人や家庭内の利用でも著作権法違反です。　ISBN978-4-06-278446-7　©Michiho Fukumori 2010, Printed in Japan